Paul C. Martin

Gold schlägt Geld

Schweizer Verlagshaus AG, Zürich

Ein Ferenczy-Buch im SV

Printed in Switzerland
by Buchdruckerei Carl Meyer & Söhne,
Jona b. Rapperswil SG
3-7263-6153-7

Inhaltsverzeichnis

Welche Profite mit Gold gemacht wurden

«Nur mit Gold wird man, wenn die Papierwährungen nichts mehr gelten, an jedem Ort der Welt weiter jede Ware kaufen können.»

Aus: «Wegweiser zum Geldverdienen. Handbuch für alle Kapitalanlagen», 1973, von Heinz Brestel, Redaktionsmitglied der «Frankfurter Allgemeinen Zeitung» in Zürich

Als der Goldpreis noch bei 52 Dollar die Unze (31,1 Gramm) stand – Anfang Mai 1972 –, verstieg sich die Londoner Bergwerks-Holding Consolidated Gold Fields in ihrer Broschüre «Gold 1972» zu der kühnen Behauptung, Gold würde auf über 60 Dollar die Unze steigen, sofern sich die Notenbanken nur neutral verhielten und kein Gold an den Markt verkauften.
Und dann: «Geht die Inflation mit vier Prozent pro Jahr weiter, dann kommen wir 1980 bis auf 85 Dollar.» Eine nur vierprozentige Inflation ist inzwischen ebenso ein Witz, über den nur noch gelacht wird, wie ein Goldpreis von nur 85 Dollar.
Am 14. Juni 1972 bezeichnete die Dresdner Bank in ihren Merkblättern für den Außenhandel die Analyse der Consolidated Gold Fields ausdrücklich als «kühne Vorhersage».

Genau zehn Monate später hielt die Deutsche Gold- und Silber-Scheideanstalt vormals Roessler (Degussa) ihre jährliche Hauptversammlung ab. Der Goldpreis war inzwischen längst an der «kühnen Vorhersage» von Gold Fields vorbeigeeilt und hatte sich auf über 90 Dollar eingependelt. Die Aktionäre der bedeutendsten deutschen Goldhandelsgesellschaft, deren Stempel «Degussa» viele der in der Bundesrepublik verkauften Goldbarren ziert, wollten natürlich von ihrer Verwaltung erfahren, warum denn der Goldpreis so gewaltig gestiegen sei. Doch Dr. Felix Prentzel, damals noch Generaldirektor, heute Aufsichtsrat, gestand: «Das ist auch für uns ein Rätsel.» Und: «Das war nicht unbedingt erwartet worden.»

Wenn sich der professionelle Goldhändler Degussa bei dem Produkt, mit dem sie handelt, nicht mehr so recht auskennt, dann ist das gewiss ein bedenkliches Zeichen.

Aber nicht nur Journalisten, Professoren und Anlageberater aller Temperamente haben sich beim Gold vertan. In London lebt der Amerikaner Harry D. Schultz. Er gehört zu den Spitzen-Profis im internationalen Anlagegeschäft. Seine Kunden berät er für ein Stundenhonorar von 700 Dollar. Harry Schultz ist einer der beiden großen internationalen Chrysophilen (chrysos = Gold; philos = Freund). Auf den anderen, Franz Pick in New York, kommen wir später zu sprechen. Schultz hat im März 1973 zum Preis von sechs Dollar eine kleine Broschüre verkauft, in der er auf Seite 10 die folgende Kurve abbildet («You and Gold», published by Financial & Economic Research Corporation, printed in Switzerland):

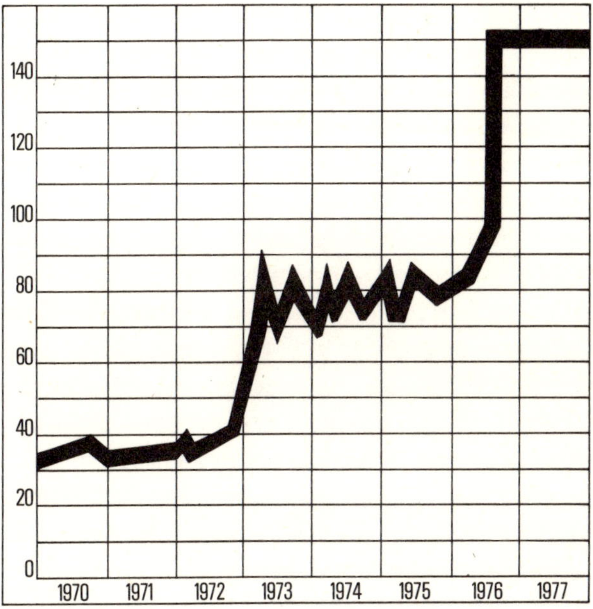

Abbildung 1
Goldpreis je Feinunze in Dollar. Die Vorausschau der Goldpreisentwicklung (Dr. Harry D. Schultz, März 1973).

Schultz schränkt im Text allerdings ein: «Unsere Schätzung ist ziemlich konservativ.» Und in der Tat: Die merkwürdige Zickzack-Bewegung der Jahre 1973 bis 1976 ist inzwischen längst zusammengeschoben worden. Offenbar hat sich wieder einmal die alte Weisheit bestätigt, daß sich wichtige Prognosen immer schneller bewahrheiten, je weiter sie bekannt werden. Und Harry Schultz hat Kunden überall auf der Welt, von Hongkong bis Hamburg.

Wie sich die Dinge dann tatsächlich entwickelten, demonstriert die Abbildung 2. Der Goldpreis kennt seit Anfang des Jahres 1973 kein Halten mehr. Wer Anfang 1972 sein ganzes Vermögen in Gold verwandelt hat, konnte es binnen einem Jahr verdoppeln. Wer schon 1970 alle seine Aktiva in Barren tauschte, hat mehr als dreifaches Geld kassieren können. Ähnlich wie die Gewinnausschläge des Goldpreises, der täglich in London oder Zürich festgestellt wird, verliefen die Profitkurven für Münzen (Abbildung 3) und Zahngold (Abbildung 4).

Die internationalen Nachrichten-Agenturen haben sich längst an die immer neuen Rekord-Meldungen beim Goldpreis gewöhnt. Nur am 14. Mai 1973, als der Goldpreis die Hunderter-Marke nahm, lief die Meldung mit einem Klingelzeichen und dem Vermerk «dringend» über den Äther. Hier noch eine kleine Auswahl der Fernschreiben, die innerhalb von wenig mehr als zwei Jahren aus dem Ticker kamen:

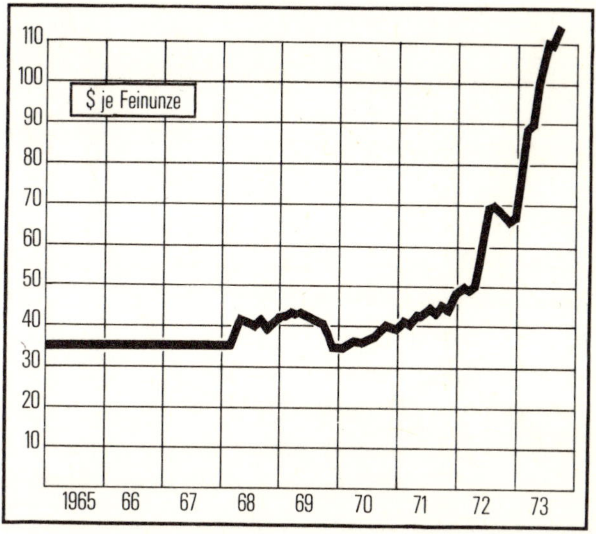

Abbildung 2
Die tatsächliche Entwicklung des Goldpreises.

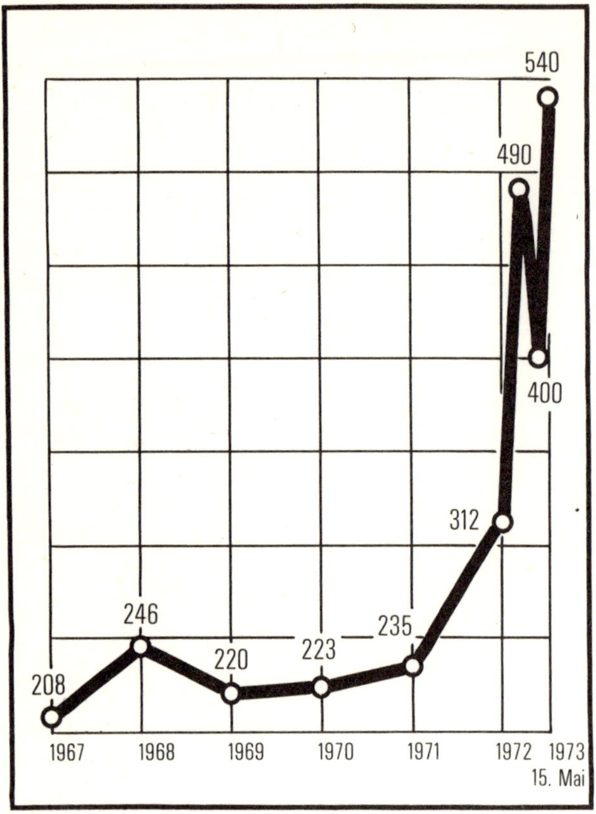

Abbildung 3
Die Preisentwicklung des 20-Dollar-Stücks (Double Eagle) in D-Mark.

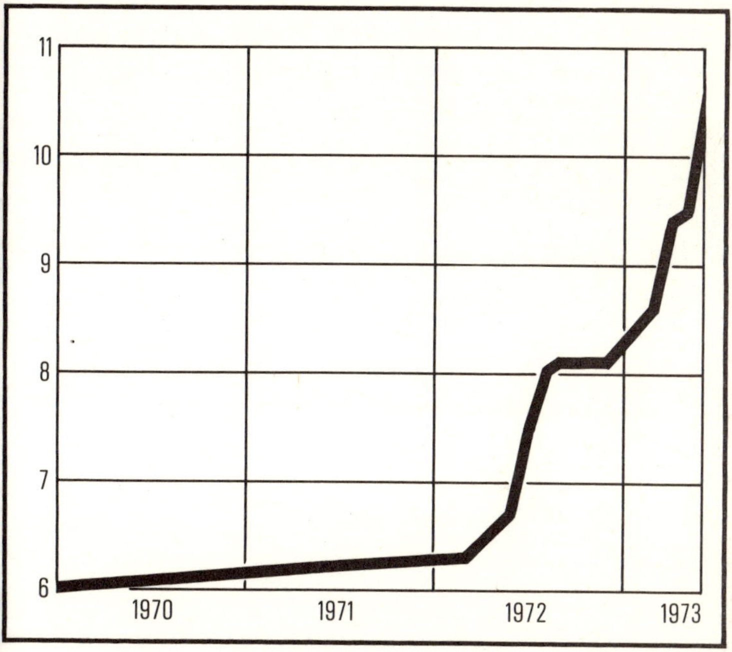

Abbildung 4
Der Preis für ein Gramm Zahngold in D-Mark.

dpa 178 wi
goldpreise steigen weiter

frankfurt, 29. april 71 vwd – an den internationalen goldmaerkten sind auch am donnerstag die preise weiter gestiegen. in london notierte die feinunze gold bereits zu beginn 39,425 dollar . . .
dpa 178 cw/sw 29. apr 71 1708

goldpreis erreicht hoechststand
– von leslie haynes –

london, 4. jan (reuter) – mit 44,35 pro feinunze gold erreichte der goldpreis am dienstag am londoner markt und in zuerich eine neue rekordhoehe . . .
reuter 85 wi key/gfs 1658 jac

dpa 135 wi
goldpreisanstieg haelt an

frankfurt, 4. januar 72 vwd – die seit jahresbeginn eingetretene hausse auf dem internationalen goldmarkt haelt unvermindert an. an den beiden fuehrenden handelsplaetzen london und zuerich kletterte der feinunzenpreis am dienstag

auf die neue rekordhoehe seit maerz 1968 (spaltung des goldmarktes in einen freien und amtlichen preis) von 44,35 dollar. . . . .
dpa 135 st/kh 04. jan 72 1541

ap 29 wirtschaft
dringend
goldpreis – tagesmeldung
utl: in london und zuerich hundert-dollar-marke ueberschritten.

frankfurt, 14. mai (ap) an den goldmaerkten in london und zuerich hat der goldpreis am montag die hundert-dollar-marke ueberschritten. zunehmende kaeufe mittlerer und kleiner anleger trieben die gold-notierung in zuerich von 96,50 bis 97,00 (schlussnotiz vom freitag) auf 99,50 bis 100,50 dollar pro feinunze hinauf . . .
ap/29/hj/1112/14.mai 73

Im Frühjahr 1972 berichteten Bankbeamte:
«Es ist wie im Sommerschlußverkauf. Die Leute kaufen alles zusammen» («Süddeutsche Zeitung»). Die Leute, das sind eben die Leute. Das ist der kleine Sparer, der hofft, mit dem Kauf von Gold seine trostlosen Verhältnisse ein wenig aufpolieren zu können.

Wer sich als Profi schon ein wenig früher mit Gold zu kleinem Geld eingedeckt hatte, war im Frühjahr 1973 längst Millionär. Wie das ablief (und noch immer abläuft), verrät Dr. Franz Pick, der unbestrittene Top-Experte im internationalen Goldgeschäft. Dr. Franz Pick, fast so alt wie dieses Jahrhundert, hatte sein Schlüsselerlebnis 1922. Damals wollte er sein Studium beginnen. Er ließ sich die von seinem Vater abgeschlossene und unter großen Entbehrungen eingezahlte Ausbildungsversicherung auszahlen. Das Geld reichte für ein Mittagessen in der Mensa. Pick damals: «Das Geld hole ich mir zurück.»

Durch Nachdenken und Erfahrung kam Pick (er promovierte über «Rechtliche Aspekte des Staatsbankrotts») zu dem Schluß: «Nur Gold bleibt, wenn man dem permanenten Betrug der Regierungen entkommen will.»

Also hat Franz Pick immer nur eines empfohlen: Gold. Als der Goldpreis gerade die 50-Dollar-Marke überschritten hatte und die Welt von einer Sensation sprach, meinte er in einem Interview mit der «Welt am Sonntag» trocken: «Gold geht auf 80». Noch bevor sich die Fachwelt von ihrem Gelächter über diese unerhörte Vorhersage erholt hatte, fuhr Pick fort: «Es könnte sogar sehr schnell zu einer logarithmischen Progression des Goldpreises kommen.»

Franz Pick also ist der Mann, der recht behalten hat. In der vierten Auflage (1973) seines Buches «Gold. How and Where to Buy and Hold it», das

er an ausgewählte Kunden, vornehmlich in den USA, ausdrücklich zum Preis von 45 «Paper-Dollars» vertreibt, beschreibt er die Methode, mit Gold sehr schnell sehr reich zu werden. Diese Methode heißt «Escalation Technique». Jeder Bankier in London oder Zürich ist mit ihr vertraut. Sie läuft folgendermaßen ab:
Man kauft Gold im Gewicht von 400 Unzen. 400 Unzen ist die Gewichtseinheit, die den Kontrakten in London (seit 1954) oder am Gold-Termin-Markt in Winnipeg (seit November 1972) zugrunde liegt. Ende Dezember 1971 kostete der Barren rund 17 500 Dollar. In deutschem Geld zum damaligen Wechselkurs waren das 56 000 Mark. Diesen Barren deponiert der Käufer bei einem der fünf Goldhändler in London oder einer der drei großen Schweizerischen Banken (Einzelheiten dazu siehe Seite 97, 99, 150). Der Barren dient als Sicherheit für den Kauf von zehn weiteren Barren von insgesamt 4000 Unzen Feingold. Der Zinssatz für das Engagement liegt bei 7,5 Prozent per annum.

Diese Rechnung ergab sich Ende 1970:

Eigentum an einem Barren Gold zu 43,73 Dollar pro Unze, voll bezahlt	US $ 17 500
Kauf von zehn weiteren Barren zu 43,75 Dollar je Feinunze	US $ 175 000
Wert der gesamten Position	US $ 192 500

Und diese frohe Rechnung konnte der Gold-Gläubige an dem Tage aufmachen, als der Goldpreis 105 Dollar pro Unze erreicht hatte:

Gesamtwert der elf Barren	US $ 462 000
abzüglich der Kosten der elf Barren	US $ 192 500
Abzüglich der aufgelaufenen Zinsen (7,5 Prozent p.a. von 175 000 US $)	US $ 26 250
Netto-Profit	US $ 243 250

Die 243 250 Dollar ergaben zum geltenden Wechselkurs des Dollars ein Vermögen von 673 000 Mark.
Kaum eine andere Anlage der Welt hat das zu bieten.
Und Franz Pick folgert denn auch: «Unter den bestehenden gesetzlichen Vorschriften sowohl in der Schweiz als auch in Großbritannien hat sich die Eskalations-Technik als einer der interessantesten Aspekte der Gold-Situation erwiesen und als eine ideale Konstellation, um substantielle Profite zu realisieren – mit äußerst beschränktem Risiko.»

Was man so über Gold hörte und las

«Gold – kein glänzendes Geschäft»
Überschrift in der «Süddeutschen Zeitung» vom 4. August 1972.

Damals kostete ein Kilo Gold 6800 Mark. Anfang August 1973 kostet das Kilo 11 700 Mark.

Viele intelligente Menschen halten von Gold recht wenig.
John Maynard Keynes gilt als der bedeutendste Wirtschaftswissenschaftler dieses Jahrhunderts. Sein Bild stand auf einer Kommode im Weißen Haus, als dort John F. Kennedy residierte. Und er hing an der Wand des Arbeitszimmers von Karl Schiller, als dieser Wirtschafts- und Finanzminister der Bundesrepublik Deutschland war. Seine Theorien sind Grundlage für die Konjunkturpolitik aller Industrie-Nationen. John Maynard Keynes, 1942 zum Lord geadelt und 1946 gestorben, sagte: «Gold ist ein barbarisches Metall. Es ist völlig überflüssig.»
Wladimir I. Lenin, der größte Theoretiker des Marxismus, Gründer der ruhmreichen Sowjetunion, der noch heute, ein halbes Jahrhundert nach seinem Tode, immer wieder das Par-

teibuch der KPdSU mit der Nummer eins erhält, meinte vor dem Ersten Weltkrieg: «Wir wollen unser Gold zu keinem anderen Zweck gebrauchen als zum Bau der Pissoirs in den Straßen unserer Städte.»
Fritz Machlup, aus dem Vorkriegs-Österreich emigrierter führender Nationalökonom der USA und Professor an der hochberühmten Princeton-University, erklärt 25 Jahre nach dem Zweiten Weltkrieg: «Verkauft das Zeug, aber kauft nichts mehr davon. Für Gold wird es eines Tages kein Mittagessen mehr geben.»
Auch die Männer, denen man Milliardenerfahrung im Umgang mit Gut und Geld nachsagt, lehnen das Gold ab.
Paul A. Volcker, Chef des amerikanischen Schatzamtes, das den größten Goldschatz der Welt verwaltet, meint: «Gold, alles Quatsch. Die Nachrichten über Gold werden in zehn Jahren nur noch in den Rohstoffspalten der Zeitungen zu finden sein.»
Karl Klasen, der Präsident der Deutschen Bundesbank, die den zweitgrößten Goldschatz der Welt verwaltet, davor Vorstandssprecher der Deutschen Bank AG, die das größte deutsche Wertpapier-Portefeuille besitzt, meint Ende 1972: «Diese Sache mit Gold ist doch eigentlich nur ein psychopathologisch zu erklärender Vorgang.»
Wilhelm Hankel, Professor an der Universität in Frankfurt und Chef der dem Land Hessen gehö-

renden Hessischen Landesbank-Girozentrale, sagt zur selben Zeit: «Gold hat für die Währungspolitik überhaupt keine Existenzberechtigung mehr.»
Tadashi Sasaki, Gouverneur der japanischen Zentralbank, meinte Anfang Mai 1973 abschätzig: «Gold ist nichts weiter als eine gewöhnliche Ware.»
Ernst Bigler schließlich, Direktor der Schweizerischen Kreditanstalt und Leiter der Abteilung Noten, Devisen und Edelmetalle, weiß es am besten: «Von Gold als einer seriösen Anlage zu sprechen fällt mir schwer.»
Das Frankfurter Magazin «Wirtschaftswoche» fragte im März 1973 Geschäftsleute, die mit beiden Beinen im Leben stehen, Männer der Wirtschaftspolitik und der Praxis: Haben Sie Gold? Kaufen Sie Gold?
Die Antworten waren eindeutig:
Klaus Dieter Arndt, Ex-Staatssekretär im Bonner Wirtschaftsministerium, sozialdemokratischer Bundestagsabgeordneter und Chef des Deutschen Instituts für Wirtschaftsforschung in Berlin, besitzt nur einen goldenen Ring, eine goldene Willy-Brandt-Münze und Gold im Zahn. Gold kauft er nicht.
Karl-Heinz Narjes, Ex-Wirtschaftsminister in Schleswig-Holstein, der wirtschaftspolitische Sprecher der CDU/CSU-Opposition im deutschen Bundestag: «Ich besitze kein Gold. Ich werde auch kein Gold kaufen.»

Franz Burda, der millionenschwere Verleger («Bunte Illustrierte»): «Außer privaten Gegenständen aus Gold besitze ich dieses Metall nicht. Ich kaufe weder Gold noch verkaufe ich es.»

Rudolf Leiding, der Chef des Volkswagenwerkes, Europas größtem Automobil-Konzern: «Ich besitze kein Gold. Ich kaufe kein Gold und verkaufe kein Gold.»

Walter Hesselbach, der Vorstandsvorsitzende der gewerkschaftseigenen Bank für Gemeinwirtschaft: «Außer meinem Trauring, zwei Manschettenknöpfen und einigen Gedenkmünzen besitze ich kein Gold. Ich kaufe auch kein Gold, denn ich habe keinerlei Verwendung dafür.»

Und Ludwig Poullain, der Chef der Westdeutschen Landesbank, Deutschlands bilanzgrößtem Kreditinstitut: «Außer einer goldenen Vereinsnadel vom Segelklub strebe ich zurzeit nichts Goldiges an.»

Wer etwas Goldiges anstrebt, gilt allgemein als Außenseiter, als Kauz oder als Trottel, der den Realitäten der neuen Zeit nicht mehr so recht zu folgen vermag.

Der englische Dramatiker George Bernard Shaw witzelte, «man müßte sich für das Gold nur so lange entscheiden, wie das kapitalistische System währt». Kapitalismus und Gold würden ohnehin bald verschwinden. Nur Frankreichs Staatschef Charles de Gaulle tönte immer wieder eigensinnig: «Nichts ist unveränderlicher als das

Gold, der ewige und universelle Gradmesser par excellence.»

Wer sich über Gold und Goldbesitz in den Tageszeitungen informieren will, wird überall eingehend vor dem Besitz des gelben Metalls gewarnt. Schon die Überschriften bedeuten dem Leser, daß es sich bei Gold um etwas völlig Abartiges handelt und daß Goldkäufer besser eine Entziehungskur in einem Tölzer Privatsanatorium mitmachen sollten. Da ist die Rede vom «Tanz um das goldene Kalb» und «Gold-Fetischisten» (so im Düsseldorfer «Handelsblatt»), von «Panik» und «Panikmache», von «Spekulation» und «Spielerei», von «Hektik» und «Hausse» (so FAZ, «Welt» und «Süddeutsche Zeitung»).

Die Nachrichtenagentur Vereinigte Wirtschaftsdienste VWD, eine Tochtergesellschaft der Deutschen Presse-Agentur, tickerte am 16. März 1973 einen Bericht aus Frankfurt durch, der die vielsagende Überschrift «Gold-Rausch» trug.

Als die «Sparkassenzeitung» ihren Lesern erklären mußte, warum denn auf einmal so viel Geld von den Sparkonten abgehoben und offensichtlich in Gold getauscht werde, schrieben die Herausgeber kritisch: «Am Golde hängt, zum Golde drängt . . . die Spekulation.»

So als ob ein vernünftiger Mensch nie auf den Gedanken kommen könnte, Gold zu kaufen, um sich mit Hilfe des gelben Metalls zum Beispiel vor der Inflation in Sicherheit zu bringen.

«Ein schöner Traum – mehr nicht». So poetisch begann Ulrike Naumann in der linksliberalen «Süddeutschen Zeitung» einen ernstgemeinten Artikel, der dem Sparer endlich einmal klarmachen sollte, was von Gold als Anlage zu halten sei. Wir erinnern uns: Im August 1972 hatte Präsident Nixon in den USA die endgültige Lösung des Dollars vom Gold verkündet.

Übrigens jener Präsident Richard Milhous Nixon, der im Dezember 1971 das Währungsabkommen von Washington als das «wichtigste Ereignis in der Geschichte der Menschheit» gefeiert hatte. Wie wir aber inzwischen wissen, hielt das große Ereignis keine 14 Monate. Mit der Dollarabwertung vom Februar 1973 flog das ganze Währungssystem wieder einmal auseinander.

Damals, im August 1972, stiegen die Verbraucherpreise in der Bundesrepublik Deutschland mit Tempo sechs Prozent pro Jahr. Ein Ende der Teuerungswelle war nicht in Sicht. Die Sparer hatten daher einen Anspruch darauf, zu erfahren, wohin die Reise geht. Einen Anspruch auch darauf, seriös und sachlich bedient zu werden. Denn die Sparer bekamen auf ihrem Sparbuch mit gesetzlicher, also dreimonatiger Kündigungsfrist lächerliche vier Prozent Zinsen. Die vier Prozent deckten nicht den Inflationsverlust ab.

Doch Ulrike Naumann bestand darauf: «Gold schaut als Vermögensanlage gar nicht mehr so goldig aus.» Und sie erklärte auch warum: «Zinsverlust und Mehrwertsteuer machen das Goldhorten teuer.» (Von Zinsverlust und Steuern wird noch die Rede sein, auch davon, wie man das eine vergessen und das andere vermeiden kann.)

Das sind die Argumente der meisten Wirtschaftsjournalisten, wenn es darum geht, den Anleger vom Gold abzuhalten und ins Papier zu schicken:

- Gold bringt keine Zinsen. «Man kauft daher besser Rentenwerte.» Die brachten im August 1972 übrigens acht Prozent Rendite.
- Der Kaufpreis für einen Kilo-Barren Gold liegt erheblich, damals etwa 300 Mark, unter dem Verkaufspreis. «Nur die Banken verdienen also am Goldgeschäft.» Der kleine Mann zahlt in Wirklichkeit drauf.
- Die deutschen Finanzämter wollen Mehrwertsteuer kassieren. Damals, im August 1972, waren das bei einem Abgabepreis der Banken für einen Kilo-Barren in Höhe von 6800 Mark immerhin rund 750 Mark. Die 750 Mark konnte man also «sparen», wenn man die Finger ließ vom Gold.

Frau Naumann folgerte: «Bevor man also beim Verkauf eines Kilo-Barrens wenigstens den Kaufpreis erlösen kann, muß der Goldpreis und damit der Ankaufskurs der Banken um 1050 Mark gestiegen sein!» Das Ausrufezeichen hinter diesem wichtigen Satz sollte jeden Interessierten ein für allemal vom Gold abschrecken.

- Schließlich kommen noch die Lagerkosten dazu. Ein «kleines Schließfach» – so Frau Naumann – «würde mindestens 28 Mark Miete im Jahr kosten.» Und da wäre es doch viel besser, Rentenwerte zu kaufen. Denn: «Ein Wertpapierstreifbanddepot für Renten, deren Kurswert dem Preis eines Goldbarrens von 1000 Gramm entspricht, kostet nur 10,20 DM.»

Inzwischen ist der Ankaufspreis für Gold schon fünfmal um 1050 Mark nach oben geschossen. Die Sparer, denen die Journalistin im August 1972 Rentenwerte empfohlen hat, gehören zu den großen Verlierern: Über 15 Prozent sind ihre «Wertpapiere» seither im Wert gefallen.

Freilich, Ulrike Naumann war nicht die einzige, die sich getäuscht hat. In der Januar-Ausgabe von «Euromoney» schreibt der Herausgeber, der in Gelddingen nicht unerfahrene Anlageberater M. S. Mendelsohn: «Gehortete Goldbestände, die zu Preisen von mehr als 40 Dollar je Feinunze gekauft worden sind, müssen als mit einem Investitionsrisiko behaftet angesehen werden.» Inzwischen gab es freilich dreifaches Geld fürs Gold. Und von einem Risiko ist keine Rede mehr.

Warum «Wertpapiere» nichts taugen

66

Kurs von sechsprozentigen Pfandbriefen im Sommer 1973

Diese Pfandbriefe waren 1963 und 1964 zum Kurs von 100 verkauft worden

Das Jahr 1973 ist für den Anleger eine Katastrophe.
Im Frühjahr 1973 wurde endgültig klar, daß die weltweite Inflation nicht mehr zu stoppen ist. In der Bundesrepublik erreichte die Inflationsrate die Marke von 7,5 Prozent. In der Schweiz waren es neun Prozent.
In den Vereinigten Staaten bricht die Fiktion zusammen, Nixon habe mit seiner Periode des Lohn- und Preisstopps etwas in Richtung Stabilität erreicht. Kaum sind seine Preiskommissare wieder verschwunden, beginnt die Inflation schlimmer als je zuvor. Dann werden wieder neue Preiskontrollen eingeführt. Aufs Jahr gerechnet kommen jedoch Geldverfallsraten von über zehn Prozent heraus.

Südamerika ist plötzlich überall. Wer einen deutschen Tausendmarkschein in der Matratze

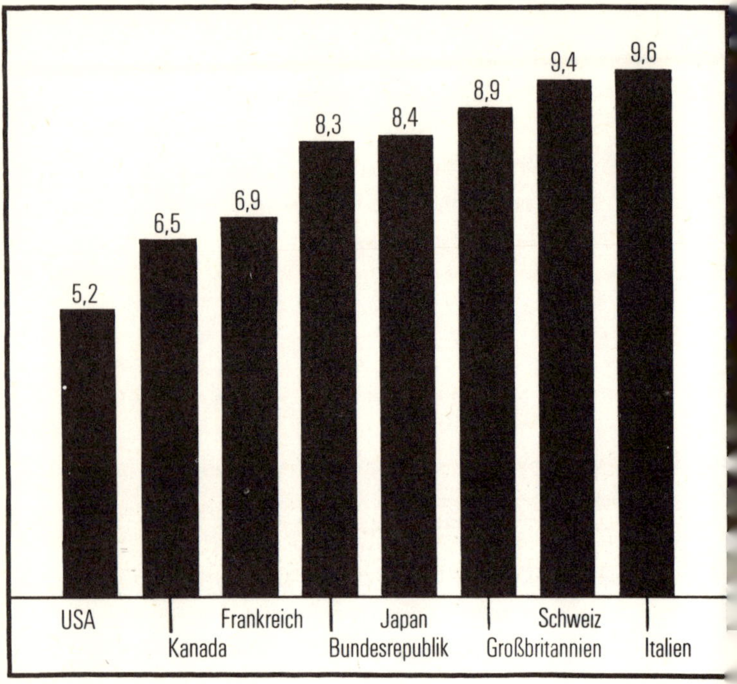

Abbildung 5
Inflationsraten der wichtigsten Industriestaaten in Prozent (Sommer 1973).

oder im Heim-Safe einschließt, kann sicher sein, in zwei Jahren mindestens 160 Mark am Wert zu verlieren.
Wer sein Geld auf dem deutschen Sparbuch liegenläßt, bekommt zunächst 4,5, dann 5,5 Prozent Zinsen. Er ermäßigte den Verlust seines Tausendmarkscheins auf 60 bis 70 Mark. Doch selbst die längstfristige Anlage, die dem Sparer offensteht, eine Anlage auf über vier Jahre, bringt bei den Großbanken Mitte des Jahres gerade 7,25 Prozent Zinsen. Damit ist die Inflation nicht abgedeckt.
Das Unvermeidliche geschieht: Seit März 1973 übersteigen die Entnahmen auf den Sparkonten die Einzahlungen. Kunden, die größere Beträge anlegen (ab 10 000 Mark, in einigen Banken sogar schon ab 5000 Mark), können überall Sonderkonditionen herausschinden. Das geht hinauf bis zwölf Prozent und mehr. Nur wer Beziehungen hat, kann noch lachen. Alle anderen sind dem Geldverfall preisgegeben.
Die Bundesschatzbriefe, Papiere ohne Kursrisiko und mit steigendem Zins, die im Durchschnitt auf sieben Jahre festgelegt knapp acht Prozent Zinsen bringen, werden meist schon nach dem ersten Sperrjahr zurückgezahlt. Das Geld wandert in höherverzinsliche Wertpapiere oder der Einfachheit halber gleich in den Konsum. Selbst die Bundesbank setzt die Zinssätze für ihre unverzinslichen Bundesschatzanweisungen herauf. Diese U-Schätze («unverzinslich»,

weil abzüglich der zu erwartenden Zinsen eingezahlt wird) stiegen in der Rendite auf über 10 Prozent.

Tagesgeld, das sich Banken untereinander leihen, um von Tag zu Tag flüssig zu bleiben, erreicht im späten Juli 1973 Spitzensätze von über 40 Prozent. Viele Banken können den sofortigen Zusammenbruch nur vermeiden, indem sie sich von ihren Rentenwerten und Aktien trennen. Diese Papiere beginnen daraufhin eine beispiellose Talfahrt nach unten.

Fahrt-Führer wird die von der Bundesregierung in der Woche vom 11. bis 16. März als «Beitrag zur Stabilisierung der Preise» verkaufte «Stabilitätsanleihe». Die Anleihe wird von den Banken auf Wunsch der Regierung ausdrücklich dem kleinen Mann am Schalter verkauft. Über 80 Prozent der 1,5 Milliarden Mark Stabilitätsanleihe werden mit dem Sparbuch finanziert. Die Banken verkaufen die Stabilitätsanleihe zum Kurs von 99,75 Prozent. Schon zehn Wochen später ist der Kurs der Anleihe auf 91 Prozent gesunken.

Der kleine Sparer hat – noch vor dem ersten Zinstermin – schon neun Prozent seines Einsatzes verspielt.

Die Bundesregierung weigert sich, die Stabilitätsanleihe nachträglich auf einen Neunprozenter zu konvertieren. Das Argument von Wirtschaftsminister Friderichs: «Das Auf und Ab einer Anleihe gehört nun einmal zum normalen

Risiko eines Anlegers.» Und weiter: «In acht Jahren wird ja der volle Nennwert 100 zurückbezahlt.» Was Bonn jedoch verschweigt: Wer zwischen dem 11. und 16. März die Stabilitätsanleihe, eine Anlage zu (damals) 8,55 Prozent Rendite (Ausgabekurs 99,75, Zinssatz: 8,5) gekauft hat, muß während der gesamten Laufzeit, also acht Jahre lang, auf eine höherverzinsliche Anlage verzichten. Andere Anleger bekommen schon zwei Monate später Renditen von 12 Prozent und mehr.

Am tollsten treibt es die Inflation mit den Pfandbriefsparern. Viele Pfandbrief-Käufer entdecken im Frühjahr 1973, daß ihre Papiere zum Teil erst Jahrzehnte nach Ablauf ihrer Lebenserwartung zum Tragen kämen.

In der «BILD»-Zeitung jammert ein 77jähriger: «Ich habe vor zehn Jahren Sechsprozenter gekauft. Jetzt höre ich von meiner Bank, daß die Papiere erst im Jahr 2015 zurückgezahlt werden.» Der Gute weiter: «Das werde ich doch sicher nicht mehr erleben.»

Der «Sechsprozenter» ist überhaupt die Minus-Anlage schlechthin. Von der Talfahrt ins Jahr 1966 kann er sich nur noch einmal knapp auf über 90 Prozent erholen. Dann aber gibt es kein Halten mehr. Im heißen Sommer 1973 fallen die Papiere auf 65 und darunter.

Ein Drittel des Einsatzes ist vertan. Dagegen gibt es nur die vage Hoffnung, jenseits der Jahrtausend-Grenze in voller Höhe ausbezahlt zu werden. Doch womit? Mit inzwischen vollends wertlos gewordenem Papiergeld. Eine D-Mark hat bei Fortsetzung des gegenwärtigen Geld-Verfalls im Jahr 2010 nur noch einen Wert von zehn Pfennig.

Einige Pfandbrief-Emittenten haben ein Einsehen. Die Deutsche Pfandbriefanstalt und die Bayerische Vereinsbank tauschen ihre einst ausgegebenen Viereinhalb- und Fünfprozenter in Siebenprozenter um, die sich freilich alsbald bei ähnlich verheerenden Kursen wiederfinden wie die umgetauschten Non-Valeurs.

Am 17. Mai veröffentlichte das Anlageberatungs-Magazin «Effecten-Spiegel» die nachfolgende Abbildung (die noch auf neuesten Stand gebracht wurde) und schreibt dazu:

«Sie kennen sicherlich die Werbung der Pfandbriefanstalten ‹Das Huhn, das goldene Eier legt›.» Und dann fährt der «Effecten-Spiegel» fort: «‹Windeier› müßte es heißen, wenn man sich die Kursverluste ansieht, wobei noch nicht einmal die jährliche Geldentwertungsrate von sechs Prozent berücksichtigt ist.»

Windeier, genau das ist es.

Bundesregierung und Bundesbank bekunden immer wieder ihre Entschlossenheit, vom harten Kurs nicht mehr zu weichen. Bundesbank-Chef Karl Klasen meint Ende Mai 1973 sogar, ihm käme ein Kapitalmarktzins von 12 Prozent gerade recht.

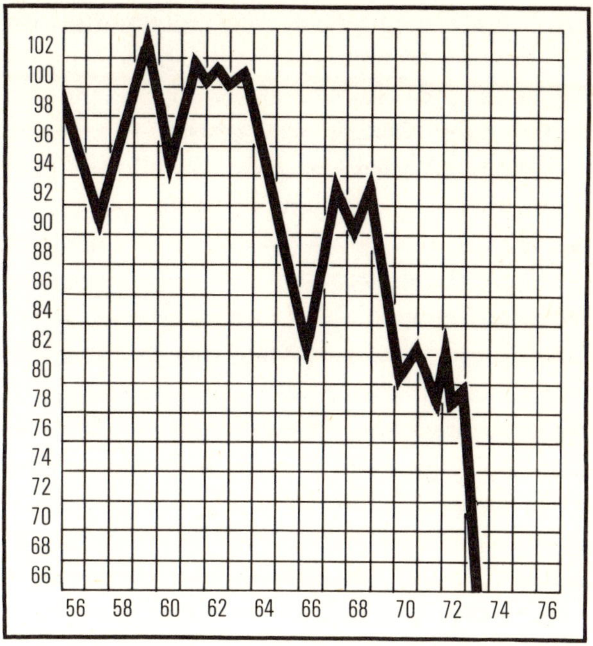

Abbildung 6
So sank der Börsenkurs der deutschen sechsprozentigen Pfandbriefe.

Zwölf Prozent Zinsen für erste Adressen aus der Industrie am Rentenmarkt bedeuten aber immer weiter fallende Kurse für festverzinsliche Anleihen, deren Risiken jetzt erst allen Anlegern aufgehen. Gleichzeitig wirbt die Bundesbank unverdrossen in allen großen Zeitungen für die von ihr vertriebenen Bundesanleihen. Diese von der Bundesbank bezahlten Anzeigen lauten: «Finanzexperten empfehlen Bundesanleihen.»

Einen dieser Finanzexperten, den Wiesbadener Anlageberater (Firma Dr. Jung KG) Alfred E. Hübsch, interviewte im Mai 1973 die «Welt am Sonntag». Herr Hübsch sagte: «Die Empfehlung ist in einem Interview mit mir vor einem Jahr aufgenommen worden. Ich bin nicht verantwortlich dafür, was Bundesbank und Bundesregierung in der Zwischenzeit gemacht haben.»

«Wie beurteilen Sie die Entwicklung?»

«Es ist ein Skandal.»

«Würden Sie heute noch Bundesanleihen empfehlen?»

«Nein.»

Bundesanleihen sind nicht der einzige Reinfall. Das größte Lehrgeld zahlt der Inhaber von Aktien. In Wall Street verfallen die Kurse von Woche zu Woche, obwohl der Dow-Jones-Index noch im Januar satt über der 1000er-Marke gesegelt war.

Den ersten starken Verlust für den deutschen Anleger bringt die Währungskrise im Februar 1973. Wer zum Beispiel 1972 100 Aktien B. F.

Goodrich (Pfd.) oder Dow Chemical zu 100 Dollar gekauft hatte, mußte dafür rund 32 000 Mark bezahlen. Durch den Kursverlust des Dollars bis zum Sommer 1973 bekommt er nur noch 25 000 Mark zurück. Dazu kommen noch eventuelle Kursverluste der Aktie.

Bei US-Aktien, die der steuermüde Anleger in Zürich orderte, verlief der Abstieg noch schneller. Der Schweizer Franken wertete noch stärker gegen den Dollar auf als die D-Mark. Control Data rutschten innerhalb eines halben Jahres von 275 auf unter 100 Franken ab, ITT von 225 auf 90. Litton, von Spekulanten inzwischen in Zürich scherzhaft die «Volksverarmungsaktie» genannt, fiel schließlich von 45 auf 25. Und das, nachdem sie ein Jahr davor noch zu 90 Franken umgegangen war.

In der Bundesrepublik erreicht fast der gesamte Kurszettel binnen weniger Wochen die Tiefstkurse vom Herbst 1971. Vor allem Bankaktien, mit so unfundierten Schlagworten wie «Substanzwerte» oder «Blue Chips» zur Anlage empfohlen, reflektieren mit absoluten Tiefstkursen, wie es um die Institute wirklich steht.

Selbst die ehedem teuerste und feinste Aktie der Welt, die nur in Privatsafes oder Bankschließfächern in einzelnen Stücken aufbewahrte Aktie der Hoffmann La Roche AG, einem der größten Pharma-Konzerne der Welt, rutscht zwischen August 1972 und Mai 1973 von 220 000 auf 140 000 Franken pro Stück herab. Hoffroche-

Aktionäre verloren ein gutes Drittel ihres Vermögens.
Wer sein Vermögen in Wertpapieren anlegt, muß berücksichtigen:

1. Alle Anlagen, auch die «dynamischste» Aktie und das «sicherste» Staatspapier, erleben unliebsame Kursschwankungen.
2. Meist erkennt der Anleger erst im Verlauf solcher Kursschwankungen den wahren Charakter seiner Anlage (überlange Laufzeit etc.).
3. Papiere, die keine Kursschwankungen haben, sind entweder von der Verzinsung her uninteressant, weil sie die Inflationsrate nicht decken (Sparbuch, Schatzbriefe, Schatzanweisungen). Oder sie stehen nur ab bestimmten Mindest-Beträgen (Festgeld ab 100 000 Mark) dem Anleger offen. Außerdem wird das Geld in fremde Hände gelegt. Gerade die schönsten und höchstverzinslichen Festgelder sind bei Bankpleiten wertlos. In der Bundesrepublik fallierten innerhalb von zwei Jahren: Bankhaus Bansa KG, Bayerische Wirtschaftsbank AG, Wisdorff & Cie., alle München, Bau-Kredit-Bank AG, Düsseldorf, Bankhaus Ryan in Köln. Das größte deutsche Privatbankhaus, Trinkaus & Burkhardt in Essen/Düsseldorf, wird nur durch amerikanisch-französische Kapitalspritzen vor dem Zusammenbruch bewahrt.
4. Bei Papieren mit Kursrisiko beginnt der Anleger die wirtschaftliche Welt durch seine

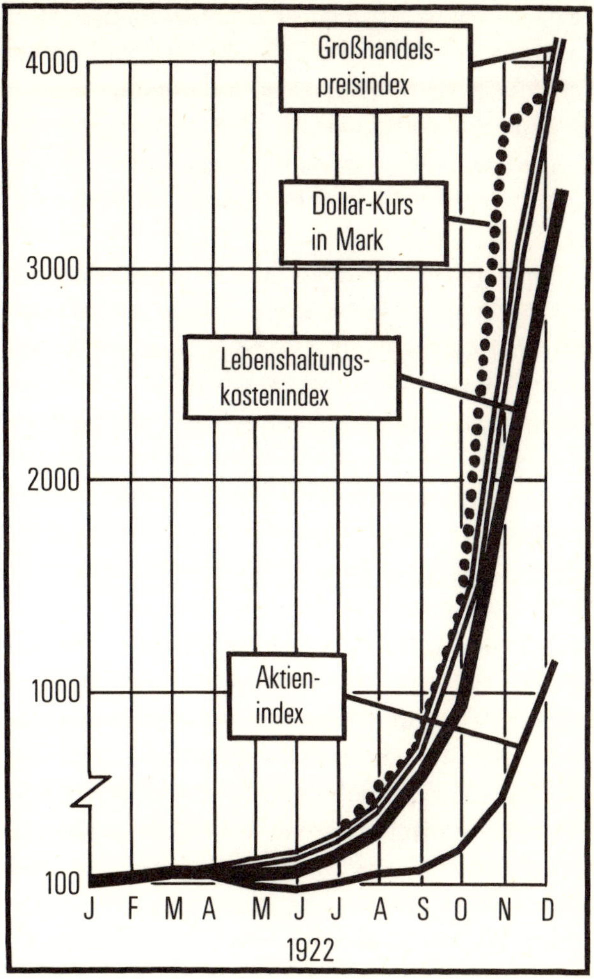

Abbildung 7
Lebenshaltungskosten, Dollar-Kurs, Großhandels-Preis und Aktien-Index im Inflations-Jahr 1922.

Bestände zu sehen. Hat er US-Aktien, glaubt er an einen baldigen Aufschwung in Wall Street und kauft bei fallenden Kursen noch dazu. Hat er deutsche Aktien, ist er der Meinung, tiefer können sie doch nicht fallen (etwa Bayer AG bei 125). In Wirklichkeit gibt es keine Untergrenze für Aktienkurse.

5. Der Anleger in Aktien und anderen «Wertpapieren» begrenzt fast nie sein Risiko. Er verkauft nicht bei einem kleinen Verlust, sondern wartet meist auf den nächsten Tag, der die längst fällige «technische Erholung» bringen soll. So gerät er immer tiefer in den Mahlstrom sinkender Kurse. Zum Schluß kann er nicht mehr verkaufen, weil er dann die ganze Wahrheit über das Ausmaß seiner Verluste erführe. Oder er wird von seiner Bank zwangsexekutiert.

6. Es ist ein besonders törichter Irrtum, zu glauben, die Aktie sei ein «Inflationsschutz». In allen Inflationen stiegen zwar die Aktienkurse – wie alle Preise – nach einer bestimmten Anlaufzeit an. Rechnet man jedoch die Preissteigerungsraten von den aufgeblähten Inflationskursen ab, ergibt sich: Die reale Kaufkraftmenge, die man nach einem Anlage-Abenteuer im «Inflationsschutz Aktie» zurückbekommt, ist weniger als vor der Flucht in den Sachwert Aktie.

Wo das Gold herkommt

«Der Standard-Schutz gegen das Desaster ist in der Geschichte immer nur Gold gewesen. Gold in jeder Form, die Ihr Land Ihnen erlaubt hat, als Barren, Münzen, Aktien oder sonst was.»

Dr. Harry D. Schultz in seinem Buch «Panics & Crashes and How You Can Make Money of Them» (1972)

Der Goldpreis wird bekanntlich in Papiergeld-Einheiten gemessen. Also in Dollar, Franken, Pfund Sterling oder D-Mark.
Die Entwicklung des Goldpreises ist daher abhängig vom Verhältnis der vorhandenen Gold- zur umlaufenden Geldmenge. Steigt die Menge des angebotenen Goldes schneller an als die Menge des umlaufenden Papiergeldes, wird der Goldpreis sicher sinken. Wird das Papiergeld jedoch schneller vermehrt als das Gold, wird der Goldpreis sicher steigen.
Es ist ein weitverbreiteter Irrtum, anzunehmen, der Goldpreis sei nur abhängig vom Angebot und der Nachfrage nach Gold. Wie man auch immer wieder die Ansicht hören muß, der Goldpreis würde sofort zusammenbrechen, wenn «die Russen Material auf den Markt werfen» oder «sobald die Notenbanken ihre Goldbe-

stände verkaufen». Derlei Vorgänge würden zweifellos den Goldpreis beeinflussen, jedoch in einem überschaubaren Ausmaß. Viel wichtiger für die Entwicklung des Goldpreises ist die Entwicklung des Mediums, in dem der Goldpreis gemessen wird, also die Entwicklung des umlaufenden Papiergeldes.

Um sämtliche Einflüsse auf die Entwicklung des Goldpreises zu berücksichtigen, wird im folgenden mit einer gewissen formalen Umständlichkeit operiert. Der Schluß, der sich am Ende ergibt, erfolgt dafür um so zwingender.

Die Ableitung erfolgt in zwei Schritten:

Untersuchung von Angebot und Nachfrage nach Gold.

Dabei gilt: Die Nachfrage nach Gold ist immer eine Funktion von Nachfrage nach und Angebot von Papiergeld. Das Tempo des Anstiegs des Goldpreises ist abhängig von der Entwicklung der Nachfrage nach Papiergeld.

Ein Beispiel:

Das Angebot an Papiergeld wird sehr stark erhöht. Daraufhin kommt es zu einem verschärften inflatorischen Prozeß. Das Vertrauen in das Papiergeld nimmt gleichzeitig ab und damit selbstverständlich auch die Nachfrage nach diesem Zirkulations- und Wertaufbewahrungs-Medium. Im Rahmen der gesetzlich dann noch erlaubten Möglichkeiten beginnt allseits die Suche nach einem neuen Wertaufbewahrungsmittel, das heißt, eine hektische Flucht in den Sachwert Gold. Der Goldpreis steigt in ungeheurem Tempo an. Doch zur Sache.

Das Angebot an Gold

Das Angebot an Gold besteht aus zwei Elementen. Einmal dem schon vorhandenen Gold (1). Zum zweiten aus dem Gold, das aus der laufenden Förderung stammt (2). Das vorhandene Gold teilt sich in Gold, das private Anleger überall auf der Welt aufbewahrt haben (1a). Und in Gold, das die Notenbanken oder Schatzämter verschiedener Regierungen gehortet haben (1b). Gold aus laufender Förderung stammt aus westlichen kapitalistischen Staaten und ist in seiner Menge in etwa absehbar. Oder es stammt aus dem Osten, aus sozialistischen Staaten, und ist in seiner Menge ziemlich unbekannt.

1a. Das vorhandene Gold in Privathand

Gold wird von Privatleuten seit Jahrtausenden gehortet. Die Gründe sind zu einleuchtend, als daß sie in aller Breite dargelegt werden müßten. Gold hat bisher alle Papiergeld-Währungen überlebt. Gold blieb auch bei den insgesamt rund 1230 Abwertungen der rund 120 Währungen der Welt, die es allein in den letzten 25 Jahren gegeben hat, stets der Sieger. Franz Pick hat das Phänomen der Abwertungen auf eine einprägsame Formel gebracht: «Abwertungen sind unvermeidlich. Sie können jedoch nur in der Form vorgenommen werden, daß der Goldpreis steigt. Abwertungen gegenüber Erdnüssen, Zwiebeln oder Papier sind nicht möglich.»

Über den Umfang der privaten Goldhorte existieren nur Schätzungen. Sie müssen wegen der inzwischen eingetretenen Goldpreiserhöhungen erheblich nach oben korrigiert werden. Dieter Rösner, Afrika-Korrespondent der «Frankfurter Allgemeinen», der als einer der intimsten Kenner des Goldproduktionslandes Südafrika gilt, berichtet im FAZ-Supplement «Blick durch die Wirtschaft» am 12. Dezember 1972: «Den Wert aller Goldbestände, die von Privaten in der Welt gehalten werden, schätzen Johannesburger Experten auf 49 Milliarden Dollar, wenn man die Unze Gold mit dem derzeitigen freien Marktpreis von rund 65 Dollar ansetzt.»

Infolge von Goldpreissteigerungen und zusätzlichen Hortungen aufgrund der krachartigen Börsen- und Währungsabfolgen im ersten Halbjahr 1973 dürfte der Wert der privaten Goldhorte inzwischen auf über 100 Milliarden Dollar (Papierdollar) angestiegen sein.

Zum Vergleich: Die 100 Milliarden Dollar Weltgoldhorte oder über 270 Milliarden Mark (Juni 1973) waren genauso hoch wie die gesamten Sparguthaben der Einwohner der Bundes-

republik Deutschland, bevor die große Entspar-Welle einsetzte.
Die privaten Goldhorte sollen der nämlichen Quelle (FAZ) zufolge täglich um (hochgerechnet) etwa fünf Millionen Dollar zunehmen.
Franz Pick schätzt die privaten Goldhorte im November 1970, vor der Goldpreis-Welle also, auf 25,4 Milliarden «Minidollar». (Minidollar ist eine Bezeichnung Picks für das ständig wertloser werdende amerikanische Papiergeld.)
Aus den 25,4 Milliarden Minidollar privater Goldhorte dürften inzwischen ebenfalls rund 100 Milliarden Minidollar geworden sein.
Der größte private Goldhort soll in Indien lagern, rund 10 000 Tonnen (Wert im Juni 1973 etwa 120 Milliarden Mark). Frankreich steht mit über 4000 Tonnen an zweiter Stelle (Wert: 50 Milliarden Mark). Der Goldhort in der Bundesrepublik mag vielleicht bei 2500 Tonnen, Wert 25 bis 30 Milliarden Mark, liegen.
Die privaten Goldhorter haben kaum Veranlassung, sich von ihren Goldbeständen zu trennen. Gold ist eine Anlage, mit deren Besitz nur angenehme Gefühle verbunden sind. Man muß zwar auf Zinsen und automatische Akkumulation durch Zins- und Zinseszinsgutschriften verzichten, hat allerdings auch die ungemein beruhigende Gewißheit, daß am Gold kein Substanz- und damit Wertverlust eintreten kann.
Gold wird in 90 Prozent aller Fälle ohnehin gegen bar und als dauerhafte Anlage erworben.

Das bedeutet: Keine teuren Kredit-Engagements drücken den Gold-Horter und zwingen ihn eines Tages zum Notverkauf. Keine konkreten Terminvorstellungen im Hinblick auf den Verkauf des gelben Metalls sind angestellt worden. Man hat sein Geld schließlich nicht in Gold angelegt wie auf einem Sparbuch, mit dessen Hilfe man auf ein Konsumgut spart. Man hält sein Gold als Schutz gegen die Unbill der Währungspolitik und der dauernd schneller ablaufenden Inflation.

Was bekäme auch der Gold-Horter, wenn er sein Metall veräußert? Just das Papiergeld, dem er doch gerade durch den Kauf von Gold zu entrinnen suchte.

Einen anhaltenden Abgabedruck durch Verkäufe aus privaten Goldbeständen zu erwarten, ist daher unrealistisch. Das privat gehortete Gold scheidet als Markt- und Goldpreis-Faktor aus.

1b. Die Goldbestände der Regierungen und Notenbanken

Aus der Zeit der zahllosen Versuche, dem Papiergeld durch Gold einen gewissen Halt zu geben, stammen noch beträchtliche Goldbestände in den Tresoren der Notenbanken und Schatzämter der Welt. Da die Notenbanken und Schatzämter überall im Staatsbesitz stehen, also sozialisierte Betriebe und Aufbewahrungsstellen sind, hängen die Bewegungen auf den öffentlich-

rechtlichen Goldkonten von der sogenannten «Währungs-Politik» ab, die von den einzelnen Staaten in Zukunft betrieben wird.
Die Summe aller Goldbestände in den Kellern der Notenbanken und Schatzämter liegt zum amtlichen Preis bei etwa 35 Milliarden Dollar. In Wirklichkeit ist der Wert des Goldes natürlich höher. Denn die Notenbanken und Schatzämter bilanzieren ihre Bestände noch zu 42,22 Dollar die Unze. Dieser sogenannte «amtliche» Gold-Preis hatte sich nach der dritten Abwertung des Dollars im Februar 1973 ergeben. Die erste Abwertung war 1934, als der Goldpreis von 20,67 auf 35 Dollar die Unze aufgewertet und der Papierdollar entsprechend abgewertet wurde. Die zweite Dollar-Abwertung war im Dezember 1971, als der «offizielle» Goldpreis auf 38 Dollar stieg.
Der «amtliche» Goldpreis ist inzwischen ein Preis ohne jeglichen Zusammenhang mit der Realität und damit ohne jeden echten Wert. Zu dem Schatten-Preis von 42,22 Dollar wird Gold weder gekauft noch verkauft. Man kann diesen «amtlichen» Gold-Preis mit einem Preis von 10 000 Mark für einen Mercedes 600 Pullmann vergleichen, den der Mercedes-Chef so der Presse vorstellt: «Unser schönstes Auto kostet 10 000 Mark. Nur geben wir zu diesem Preis das herrliche Stück nicht her.»
Der rational operierende Anleger läßt sich von derlei Tölpeleien der Schatzämter und Noten-

banken nicht foppen. Ihn interessiert nur die eine Frage: Kann es soweit kommen, daß die Notenbanken ihre riesigen Goldbestände eines Tages über dem freien Markt ausschütten und damit einen ganz scharfen Rückgang des Goldpreises verursachen?

Der Hessische Landesbank-Chef, Professor Wilhelm Hankel, profiliertester Papiergeld-Freund und Goldgegner, hat die Deutsche Bundesbank schon mehrfach aufgefordert, sich von den «barbarischen Relikten» in ihren Tresoren zu trennen. Das Gold der Bundesbank und der anderen Notenbanken lagert übrigens nicht in Frankfurter Kellern, sondern in den Gewölben der Federal Reserve Bank of New York, fein säuberlich in rund 120 Stapel unterteilt, deren Eigentümer vom König von Saudi-Arabien bis zur Bank of England reichen. Im Felsen von Manhattan haben Goldbarren im Gewicht von 14 000 Tonnen und im Wert von rund 40 Milliarden Dollar ihre einstweilige Ruhestätte gefunden, darunter auch der Großteil des Währungsgoldes der Deutschen Bundesbank.

Indes, als im Frühjahr 1973 erste Gerüchte auftraten, die Notenbanken wollten eigene Bestände hergeben, um den Goldpreis zu stürzen, versicherte die Deutsche Bundesbank ausdrücklich, es sei nicht an Verkäufe gedacht. Warum sollte sie auch verkaufen? Was sie gegen das kostbare Metall bekommt, ist haargenau das, was sie erheblich preiswerter selbst herstellen kann: Bargeld. Ein Tausendmarkschein kostet in der Herstellung rund 23 Pfennig, andere, kleinere Noten sind noch billiger. Warum also das kostbare Gold (Herstellkosten pro Kilo ab 4200 Mark) gegen das wertlose und beliebig vermehrbare Papiergeld eintauschen?

Erich Erlenbach, Redakteur der FAZ, folgerte aus Gerüchten, die Notenbanken wollten Gold verkaufen: «Dann muß man zugreifen.» Und in der Tat: Sobald die Notenbanken die «Deckung» ihrer Währungen beseitigen und damit die letzte Aussicht auf eine Rückkehr zu geordneten Währungs-Verhältnissen, ist natürlich der Startschuß zur offenen Inflation gefallen. Was die Notenbanken dann noch haben, ist nichts, und was sie noch verkaufen können, sind Tonnen wertloser Scheine.

Im übrigen sollte man sich daran erinnern, daß die Behörden eine große Scheu davor haben, ökonomische Probleme marktwirtschaftlich zu lösen. Man erinnere sich nur an die ungeheuren Umstände, die die Notenbanken machten, um die festen Wechselkurse zu halten. Feste Wechselkurse, das sind von Bürokraten festgesetzte Umtausch-Relationen von einer Währung in die andere, die eines Tages zwangsläufig so weit von der Realität des Marktes entfernt liegen, daß sie nicht mehr zu halten sind.

Doch was tut der Bürokrat? Er inszeniert umfangreiche «Stützungsaktionen», kauft fremde Währungen – vornehmlich Dollars – zum «garantierten» Preis in unbeschränkter Höhe an, erklärt schließlich jeden, der mit ausländischem Geld ins Inland strebt, um dort Wertpapiere oder Zinsanlagen zu suchen, zum Sünder und muß schließlich doch den Wert der Währung frei- und damit die «festen» Wechselkurse aufgeben.

Die einzige Gefahr für den Goldpreis liegt daher weniger darin, daß Notenbanken und Schatzämter eine Gold-Hausse durch zusätzliches Angebot von Gold zu dämpfen versuchen (was marktwirtschaftlich wäre), sondern daß sie mit einem Verbots-Katalog daherkommen, der Goldhandel und Goldbesitz beschneidet, der schließlich Gold generell zu einem verbotenen Gut macht. Diesen Weg gingen immerhin schon 120 Nationen der Welt, darunter die kommunistische Diktatur der Sowjetunion ebenso wie die freiheitliche Demokratie der Vereinigten Staaten.

Nur daß der Goldpreis durch behördliche Verbote noch nirgendwo gesunken ist, sondern im Gegenteil noch erheblich explosiver nach oben schnellte. Der höchste Goldpreis der Welt wird logischerweise in der Sowjetunion gezahlt: Mitte 1973 rund 35 000 Mark für einen Kilo-Barren. Der Preis entsteht auf dem schwarzen Goldmarkt in Moskau. Auf privaten Goldbesitz steht in der Sowjetunion die Todesstrafe.

Abbildung 8
Gegenwert des Goldes der großen Goldbesitzer der Welt (Frühjahr 1973 in Milliarden Mark).

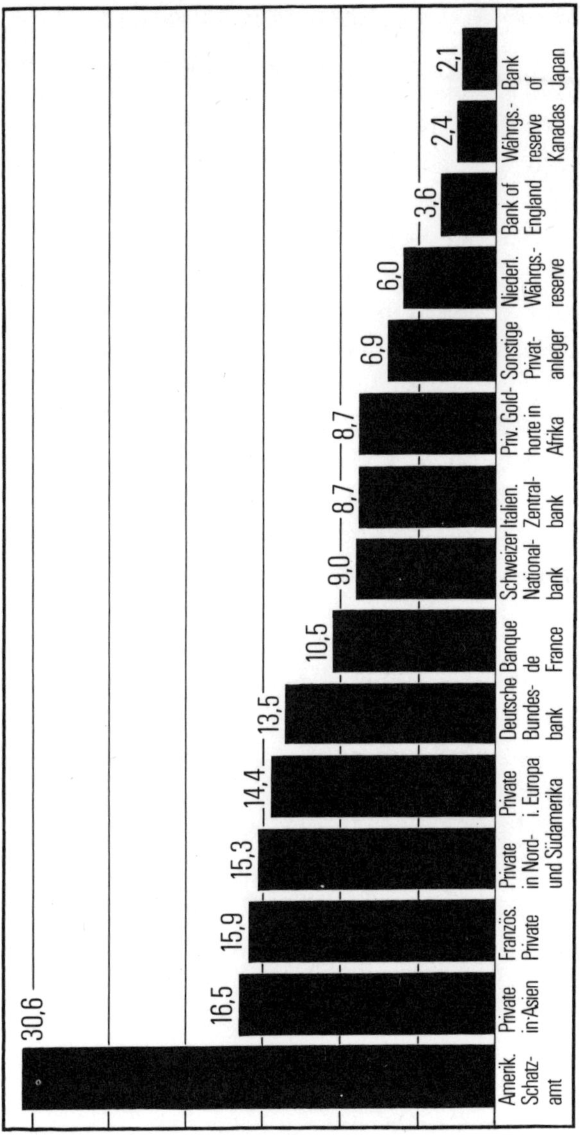
30,6
16,5
15,9
15,3
14,4
13,5
10,5
9,0
8,7
8,7
6,9
6,0
3,6
2,4
2,1
Amerik. Schatz-amt
Private in·Asien
Französ. Private
Private in Nord- und Südamerika
Private i. Europa
Deutsche Bundes-bank
Banque de France
Schweizer National-bank
Italien. Zentral-bank
Priv. Gold-horte in Afrika
Sonstige Privat-anleger
Niederl. Währgs.-reserve
Bank of England
Währgs.-reserve Kanadas
Bank of Japan

Das Angebot aus der laufenden Produktion

Gold wächst nicht auf Bäumen. Gold findet man auch nicht mehr auf freiem Feld wie noch anno 1848 in Kalifornien. Um Gold zu gewinnen, müssen heute Bergwerke eingerichtet und kostspielige Schächte niedergebracht werden.

Die Goldminen, die das Gewerbe der Goldgewinnung betreiben, liegen vor allem im südlichen Afrika, in der Sowjetunion, in Kanada, in den USA, in Australien und in einer Reihe anderer, ziemlich unbedeutender Nationen. Marktführer sind die südafrikanischen Minen. Sie liefern über 77 Prozent der jährlichen Produktion des Westens. Daneben sind noch die kanadischen Minen bemerkenswert und vor allem die Bergwerke der Sowjetunion, deren Ausstoß die große Unbekannte im Goldgeschäft darstellt.

Die Goldgewinnung in Südafrika verzeichnet eine leicht sinkende Tendenz. In den ersten vier Monaten 1973 wurden rund 285 000 Kilogramm gefördert, gegenüber 301 000 Kilogramm in der Vergleichzeit des Vorjahres.

Im gesamten Jahr 1972 förderten die Südafrikaner 930 Tonnen Gold, fünf Prozent weniger als 1971. Nur in Spitzen-Jahren streifte die südafrikanische Förderung 1000 Tonnen pro Jahr.

Die Agentur vwd meldete am 9. Januar 1973: «An dem Gesamtausstoß sämtlicher goldproduzierender Länder einschließlich der UdSSR und der afroasiatischen Staaten, der sich 1972 auf ungefähr 1450 Tonnen Gold (1971: 1462 Tonnen) belief, waren die südafrikanischen Bergwerke mit 64 Prozent beteiligt. An der Gesamtförderung des freien Westens von schätzungsweise 1087 Tonnen Gold hatte Südafrika einen Anteil von fast 77 Prozent.»

In der gleichen Meldung wurde davon gesprochen, daß die Sowjetunion ihre Produktion auf annähernd 240 Tonnen Gold erweitert hatte (1971: 212 Tonnen). Abschließend meint vwd: «Mit einem Anteil von 16,5 Prozent ist die sowjetische Goldförderung auch 1972 wesentlich schwächer als bisher angenommen wurde.» Das U.S. Bureau of Mines schätzte die Goldförderung der Russen zwischen 1967 und 1972 auf jährlich 5,7 bis 6,5 Millionen Unzen, also auf maximal etwas mehr als 200 Tonnen.

Der Mythos von den ungeheuren Goldlagern jenseits des Amur oder sonstwo in der sibirischen Taiga war schon verblaßt, als der Westen mehr über die ungeheuren Produktionskosten erfuhr, die die Russen aufwenden mußten, um im tiefgefrorenen Boden und unter äußerst ungünstigen Verkehrsverhältnissen an ihre Lagerstätten zu kommen. Das US-Magazin «Time» schätzte 1971, daß die Herstellungskosten der Sowjets je Unze Gold bei mindestens 60 Dollar lagen, also erheblich über dem damals üblichen Marktpreis. Der Goldabbau war für die Russen ein Verlustgeschäft, das sie nur auf sich nahmen,

um mit der international akzeptierten Handelsware Gold dringend benötigte West-Importe zu bezahlen.
Ganz abenteuerliche Vorstellungen über die Stärke der russischen Goldposition waren auch entstanden, als Sergei Schewchenko, ein hoher Beamter des sowjetischen Außenhandelsministeriums, Anfang 1972 gegenüber der kubanischen Nachrichten-Agentur Prensa Latina davon sprach, daß «die Welt zum Goldstandard zurückkehren müsse», also zu einem Währungssystem, in dem das umlaufende Papiergeld jederzeit in Gold einlösbar ist. Amerikanische Beobachter schlossen daraus, die Russen wollten jetzt ihre goldenen Trümpfe ausspielen, um die USA weltpolitisch in die Knie zu zwingen. Daß das rassistisch regierte Südafrika der Gold-Monopolist im Westen war, hatte den Amerikanern ohnehin schon ungute Gefühle beschert.
Indes, die Furcht vor dem Russen-Gold verflüchtigte sich wenig später, als Paul Jeannty, Direktor von Samuel Montagu & Co., dem führenden Londoner Goldhandelshaus, die russische Goldkapazität als «nicht gerade sehr bedeutend» bezeichnete. Jeannty gab am 23. Februar 1972 in der «Financial Times» eine Übersicht über die einschließlich 1971 angefallene Goldproduktion und die Verkäufe durch die Sowjetunion:

Weltproduktion einschließlich
Russen-Verkäufe in Tonnen:

Jahr	insgesamt	Jahresdurchschnitt
1500 bis 1800	9 000	30
1800 bis 1900	9 000	90
1900 bis 1931	18 000	581
1932 bis 1947	14 500	906
1948 bis 1953	4 500	750
1954 bis 1967	19 100	1364
1968 bis 1971	5 100	1275

Die statistischen Daten über die Goldgewinnung können zusammenfassend so interpretiert werden:

1. Die Welt-Goldproduktion liegt zuletzt ziemlich konstant bei Fördermengen um 1400 Tonnen pro Jahr.
2. Der Anteil der Sowjetunion ist mit bestenfalls 15 Prozent nicht sehr bedeutend.
3. Eventuelle Störungen der Goldpreis-Entwicklung durch überhastete Verkäufe der Goldproduktionsländer sind sehr unwahrscheinlich. Die Goldproduzenten würden sich um die Chancen einer Gewinnmaximierung bringen. Südafrika verfolgt seit Jahren eine ganz bestimmte Goldpolitik: Zunächst läßt man den Goldpreis durch

wirtschafts-exogene Ereignisse (Nixon-Krise usw.) auf ein neues, höheres Niveau springen. Anschließend wird einige Monate lang eine Konsolidierungsphase herbeigeführt, indem Südafrika nur sehr wenig Gold abgibt. Abschließend wartet man den nächsten Sprung nach oben ab, der sich durch eine internationale Krise und/oder einen neuen Riß im Währungsgefüge fast zwangsläufig ergibt.

4. Die Sowjetunion ist ein eifriger Marktteilnehmer. Am Goldmarkt in Frankfurt tauchte Russen-Gold in verstärktem Umfang auf, als der Goldpreis plötzlich auf 110 Dollar je Unze ging. Das «Hamburger Abendblatt» berichtete am 17. Mai 1973: «Entgegen ersten Nachrichten hieß es gestern in Frankfurt, daß die Sowjets mit Goldverkäufen keineswegs zurückhaltend seien.» Die Russen, so wußte ein anderer Großhändler zu berichten, fliegen Gold tonnenweise in die Bundesrepublik ein. Offenbar fehlt den Russen die Kaltblütigkeit, einen so plötzlich gestiegenen Goldpreis nicht durch Verkäufe zu nutzen, zumal sie die für Gold erlösten Devisen dringend brauchen, um ihre gewaltigen Nahrungsmittel-Einfuhren zu bezahlen.

5. Ob sich der erhöhte Goldpreis auf die Goldproduktion auswirken wird, ist ungewiß. Die südafrikanischen Minen haben soeben erst große Investitionsprogramme abgeschlossen, die auf der Basis eines Goldpreises von 40 Dollar angekurbelt worden waren. Ein Goldpreis von

über 100 Dollar bedeutet eine ganz neue Situation. Bei derlei Erlösaussichten können alte Goldbergwerke wieder aufgemacht werden (wie in den USA schon geschehen); auch weniger golderzhaltige Lager können abgebaut werden. Normalerweise mußte Goldgestein pro Tonne etwa neun Gramm Gold enthalten. Sehr wahrscheinlich ist mit einem verstärkten Angebot zu rechnen.

6. Schätzungen über die vorhandenen Goldreserven gibt es nicht. Im Gegensatz zum Erdöl ist Gold nicht in konsistenter Form auf feststellbaren Lagerschichten vorhanden. Stiege der Goldpreis auf 1000 Dollar die Unze, würde es sich vielleicht sogar lohnen, die Erde im eigenen Garten umzugraben und die wenigen Milligramm Gold auszuwaschen, die in jedem Kubikmeter Humus enthalten sind. Die Goldproduktion ist also nach oben hin flexibel, wobei der Grad der Flexibilität vom Goldpreis abhängt.

Die Nachfrage nach Gold

Wer Gold verlangt, will es entweder in seinen Keller sperren, was für Notenbanken oder private Horter gilt. Oder er will es mit sich herumtragen. Oder industriell verwenden.

Als der Goldpreis auf 64 Dollar sprang, gerieten Elektronikkonzerne und Goldschmiede-Zünfte bereits in Stimmungslagen, die zwischen «Krise» und «Panik» schwankten (so die Mitte 1972 kursierenden Agentur-Meldungen). Auf der Basis von 64 Dollar je Unze waren Nachfrage und Angebot nicht mehr zur Deckung gekommen. Die Verarbeiter nahmen zu diesem Preis in einem Jahr 1300 Tonnen Gold aus dem Markt, private Horter kauften 80 Tonnen direkt. Dem stand jedoch ein Angebot von nur 1280 Tonnen gegenüber. Henri Jarecki, Chef der New Yorker Mocatta Metals Corp., der Tochtergesellschaft eines bedeutenden Londoner Gold-Hauses, hielt Mitte 1972 eine dauernde Versorgungslücke von jährlich 150 Tonnen für realistisch (vwd-Meldung vom 10.6.1972). Consolidated Gold Fields kamen kurz davor (9.5.1972, laut «Financial Times») zu einem ähnlichen Ergebnis.

Die Firma schätzt die Nachfrage auf 1400 Tonnen pro Jahr und das Angebot auf 1250 Tonnen, was ebenfalls eine 150-Tonnen-Lücke signalisiert. Der Goldpreis lag damals jedoch erst bei 53 Dollar.

Nun gehört es zum gesicherten Gedankengut der Wirtschaftswissenschaft, daß steigende Preise zusätzliches Angebot bei geringerer Nachfrage verursachen. Freilich gibt es auch Ausnahmen.

Ein solcher Ausnahmefall ist die sogenannte «inverse Angebots- und Nachfragefunktion». Sie ist bei speziellen Luxusgütern zu beobachten. Bei diesen nimmt die Nachfrage mit steigendem Preis mengenmäßig zu. Die Ware gilt plötzlich als «in». Gleichzeitig kann das Angebot zurück-

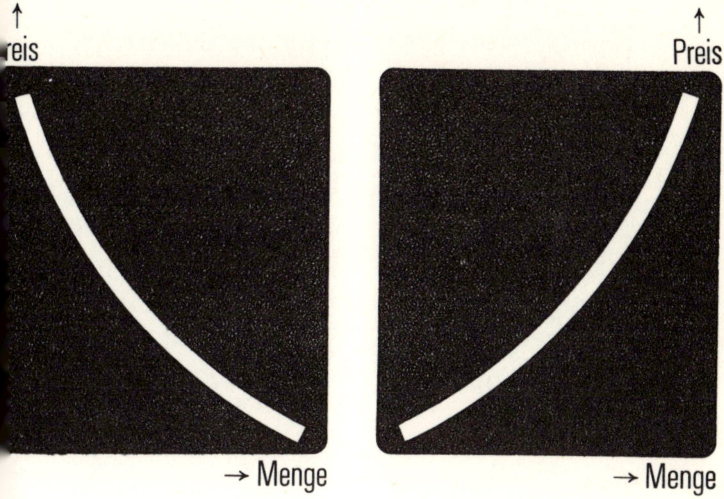

Abbildung 9
Normale und inverse Nachfragefunktion.

gehen, weil die Anbieter noch erheblich schneller steigende Preise erwarten.

Eine «inverse» Konstellation am Goldmarkt ist nicht auszuschließen. Warum sollte man auch Gold zu 120 Dollar die Unze anbieten, wenn man binnen kurzem 240 Dollar dafür bekommen kann? Und warum sollte man nicht bei 150 Dollar Gold kaufen, nachdem sich erwiesen hat, daß die Leute recht behalten haben, die einem ständig steigenden Goldpreis das Wort redeten.
Je schneller der Goldpreis steigt, um so eher wird sich auch im breiten Publikum die Ansicht durchsetzen, daß Gold eben doch nicht eine beliebige Ware ist, mit der man wie mit einem anderen Edelmetall oder einer Aktie «spekuliert».
Sondern, daß Gold mehr ist: eben der wichtigste noch verbliebene Inflationsschutz.

Wie hoch der Goldpreis steigen kann

Karl Blessing / Dr. Troeger
Frankfurt am Main
2. Januar 1960

Karl Klasen / Otmar Emminger
Frankfurt am Main
2. Januar 1970

Unterschriften auf den deutschen Banknoten
Diese Unterschriften verpflichten zu nichts.

Karl Blessing war Präsident der Deutschen Bundesbank bis 1969. Dr. Troeger arbeitete als sein Stellvertreter.
Karl Klasen ist Bundesbank-Chef seit 1970. Otmar Emminger ist sein Stellvertreter. Allein die Tatsache, daß Karl Blessing bereits 1971 verstorben ist, ein Teil der umlaufenden Banknoten jedoch noch immer seine Unterschrift trägt, zeigt ganz deutlich, daß diese Unterschriften auf den Geldscheinen der Bundesrepublik Deutschland keinen Menschen zu irgend etwas verpflichten. In früheren Währungs-Systemen hatte die Unterschrift der Notenbank-Chefs durchaus ihren guten Wert. Denn die Herren unterschrieben nicht einfach irgendein Datum, sondern eine echte Verpflichtung. So steht noch heute auf den englischen Pfundnoten der folgende Satz:

«I PROMISE TO PAY THE BEARER ON DEMAND THE SUM OF . . . POUND.»
Und früher stand auf den deutschen Geldscheinen ein ähnlicher Satz, der zur Einlösung des Papiers in eigentlichem Bargeld verpflichtete.
«Bar» kommt von «Barren». Also wurde dem Inhaber der Banknote die Zahlung einer bestimmten Edelmetallmenge versprochen, eben ein Barren Geld.
Eine Mark war ursprünglich ein Gewicht (ca. 233 Gramm), die Hälfte des in 32 Lot geteilten kölnischen Pfundes. Ein Pfund Sterling war eben ein Pfund. Eine Lira ist ebenfalls ein Pfund. Der Gulden kommt von Gold. Und der Dollar von Taler, genauer Sankt Joachimsthaler, einer Stadt in Böhmen mit ehemals gewaltigen Silbergruben (15. Jahrhundert). Ein Joachimsthaler war ein Stück reellen Edelmetalls.
Die Zahlungsversprechen sind inzwischen überall weggefallen. Und es ist nur noch eine Frage der Zeit, bis die Bürger in allen Ländern der Erde hinter die ganze Wahrheit kommen. Daß man ihnen als «Bar»-Geld ein Stückchen Papier in die Hand gedrückt hat, dessen Herstellungskosten nur Bruchteile des aufgedruckten Wertes darstellen.
Die Frage nach dem Tempo, mit dem der Goldpreis nach oben geht, ist in Wirklichkeit die Frage nach der Geschwindigkeit, mit der das Vertrauen zerfällt, das die Inhaber von Papiergeld ihren Scheinen noch entgegenbringen.

Da die weltweite Inflation nicht mehr zu stoppen ist, bedarf es nur geringer Phantasie, sich auszumalen, daß eines Tages der Run in den letzten, den eigentlichen Wert und Wertbewahrer einsetzen wird.

Ein besonderes Kennzeichen der derzeitigen Inflation ist der Umstand, daß die Inflation nicht gegenüber dem Wert des Goldes, sondern gegenüber dem Wert eines «Warenkorbes» gemessen wird. In diesem Warenkorb stecken in der Bundesrepublik rund 860 Dinge des täglichen Lebens, die fast ständig teurer geworden sind. Allein seit 1962, als man den Korb eingeführt hat, stieg der Preis der Waren um rund 50 Prozent.

Wäre Gold eine Ware des «täglichen Lebens», hätte sich sein Wert seit 1962 ebenfalls um die Hälfte erhöhen müssen. Denn jedermann würde doch einsehen, daß dem Gold ein ähnlicher Stellenwert im Leben zukommt wie Rosinen, Rattengift oder Runkelrüben.

Das mindeste, was vom Goldpreis zu verlangen ist, wäre also ein Anstieg analog dem Ansteigen aller übrigen Preise. Freilich seit der Zeit, da der Goldpreis durch die Bindung an eine Währung künstlich untengehalten wurde, seit 1934 also.

Diesen Gedanken führte am 16. Mai 1973 Professor Reginald Smith Brindle in einem Leserbrief an die «Financial Times» weiter aus. Er schreibt: «Wenn man zurückblickt, war Gold eigentlich lange Zeit kein Schutz gegen die Inflation. Es war an immer wertloser werdende Währungen gebunden und wurde jahrzehntelang mit heruntergezogen. (Professor Smith Brindle meint die feste Bindung von Gold an den Dollar.) Jetzt aber ist das Gold von den Währungen befreit, und der einzige Grund, warum es noch keinen realistischen Preis gefunden hat, ist ein psychologischer: Man erinnert sich daran, daß Gold mal etwas mit 30 Dollar die Unze oder so zu tun hatte. Hat man das einmal vergessen, ist der Himmel die Grenze.»

Mit dem Hinweis «the sky is the limit» ist der Anleger freilich nicht zufrieden. Die möglichen Goldpreis-Steigerungen müssen noch etwas nüchterner analysiert werden. Dazu dient ein Überblick:

1. Der Goldpreis von 35 Dollar war Anfang 1934 von der amerikanischen Regierung festgesetzt worden. Präsident Roosevelt verbot seinen Landsleuten gleichzeitig, Gold zu horten. Amerikanische Staatsbürger dürfen bis heute kein Barrengold besitzen, nur Gold zu Schmuckzwecken tragen oder Goldmünzen, die vor 1934 geprägt wurden, wie der bekannte Double-Eagle, das 20-Dollar-Stück. Der Goldpreis von 35 Dollar war also von Anfang an kein Marktpreis. Denn ein großer Teil der kaufkräftigen Kundschaft blieb vom Golderwerb ausgeschlossen.

2. Nach 1934 hielt sich der Goldpreis ziemlich konstant. Er war an den Dollar gebunden. Die Amerikaner handelten mit anderen Notenban-

ken und mit ausländischer Privatkundschaft Gold zum Preis von 35 Dollar, Kriegszeiten ausgenommen. Wer als Ausländer der amerikanischen Währung mißtraute, konnte jederzeit für 35 Papier-Dollar eine Unze Feingold bekommen.

3. Durch die Umtausch-Möglichkeit in Gold, die den Notenbanken und internationalen Anlegern (nicht US-Privatleuten!) noch offenstand, blieben Dollar und Gold eine Einheit. Während daher der Dollar gegenüber Grundstücken, Waren und Dienstleistungen immer weniger wert wurde, folgte ihm das Gold willig auf dem Weg nach unten. Neben dem durch die Inflation ausgehöhlten Dollar wurde auch das Gold immer weniger wert. Obwohl es keineswegs so stark vermehrbar war (und vermehrt wurde) wie der Papier-Dollar. Ein Beispiel:

Kakao war schon 1946 in New York auf das Neunfache seines Preises von 1934 geklettert. Mit einem Dollar (und der einem Dollar entsprechenden Menge Gold!) konnte man also nur noch 11 Prozent der Kakao-Menge von 1934 kaufen. In Europa dagegen, wo es keine Goldbindung der Währungen gab, konnte man 1946 mit der einem Dollar entsprechenden Menge Gold neunmal mehr Kakao kaufen als vor dem Kriege.

4. Das System eines theoretisch unbegrenzten Dollar-Gold-Tausches mußte eines Tages auseinanderplatzen. Es wurde ein Platzen auf Raten. Zum ersten Mal knallte es am 19. Oktober 1960.

An diesem Tag überschritt der Goldpreis aufgrund plötzlicher Nachfrage in London zum ersten Mal und nachhaltig die Toleranzschwelle von 35,28 Dollar/Unze. Bei 35,28 Dollar waren die Amerikaner verpflichtet, Gold am freien Markt zu verkaufen. Die 28 Cent über dem offiziellen Preis galten als Spielmarge.

In London lag seit dem 22. März 1954 das Zentrum des internationalen Goldmarktes. Dort konnte sich jeder Privatmann («Nonresident», also nichtenglischer Bürger) an jedem Tag der Woche davon überzeugen, daß er jeden gewünschten Dollar-Betrag zum amtlichen Preis in Gold tauschen konnte und umgekehrt. Der amtliche Preis war 35 Dollar die Unze oder 252 Shilling, mit besagter kleiner Toleranz nach oben und nach unten.

5. Am 21. Oktober 1960 weigerte sich das amerikanische Schatzamt, Gold abzugeben. Der Goldpreis schoß in die Höhe. Es war das erste Mal, daß sich die Trennung des Goldes von den Währungen abzuzeichnen begann. Das amerikanische Schatzamt (U.S. Treasury) gab seither kein Gold mehr direkt am Markt ab, sondern überließ die Interventionen der Bank of England, die den Goldpreis von 35 Dollar garantieren sollte. Jeden Goldabfluß bei der Bank of England ersetzte allerdings das U.S. Treasury.

6. Um die eigenen Landsleute vom Goldkauf via London abzuhalten, erneuerte das US-Schatzamt dann nochmals sein striktes Verbot für den

Besitz von Goldbarren durch amerikanische Bürger, datiert vom 14. Januar 1961.

7. Gleichzeitig wurde im Oktober ein «Gold-Pool» von acht Nationen gebildet. Ein Pool, das ist eine Art Kartell: alle Mitglieder schießen eine Summe in einen gemeinsamen Topf ein und vertrauen auf den Spruch: «Einigkeit macht stark.» Über 240 Tonnen wurden bereitgestellt, um «spekulative Exzesse», wie es der Pool nannte, zu unterbinden. Der Gegenwert des Pool-Goldes waren 270 Millionen Dollar, damals noch weit über eine Milliarde Mark. Die Vereinigten Staaten schossen 50 Prozent ein, die Bundesrepublik 30 Millionen, Großbritannien, Frankreich und Italien je 25 Millionen, Belgien, die Niederlande und die Schweiz je 10 Millionen. Es war der letzte Versuch, die Bindung zwischen dem beliebig vermehrbaren Papiergeld und dem knappen Gold aufrechtzuerhalten. Der Pool kaufte Gold am freien Markt, sobald es unter 35,08 Dollar zu rutschen drohte, und verkaufte es, wenn es über 35,13 Dollar stieg.

8. Während der Kuba-Krise (1962) wurde fast der gesamte Pool geplündert, doch strömte das Gold nach dem glücklichen Ausgang wieder in den großen Topf zurück. Am Ende des Jahres war der Pool sogar mit stattlichen 340 Millionen Dollar ausgestattet, 70 Millionen mehr als bei seinem Start.

9. Ein Jahr später erreichte die Goldproduktion ihren bisherigen Höhepunkt. Gold im Ge-

genwert von 1,36 Milliarden Dollar wurde in London aufgenommen (davor Rekordhoch 1940 mit 1,31 Milliarden). Die Russen verkauften für über 500 Millionen Dollar Gold, um notwendige Getreideimporte zu bezahlen.

10. In den folgenden Jahren nahm der Druck auf den Goldpool wieder zu. Eine englische Währungskrise Ende 1964 brachte eine starke Belastung. 1965 präsentierten die Franzosen 150 Millionen Papier-Dollar aus Zahlungsbilanzüberschüssen in Washington und verlangten mit Erfolg die sofortige Einlösung in Gold. Die Nachfrage des privaten Sektors wuchs auf 1,5 Milliarden Dollar. Am Jahresende waren die amerikanischen Goldreserven auf 13,7 Milliarden Dollar gesunken. Damit war die kritische Grenze der gesetzlich vorgeschriebenen Golddeckung der umlaufenden Dollars von 25 Prozent fast erreicht. Daß es so lange gut gegangen war mit der Papierdollar-Vermehrung, hatte einen einleuchtenden Grund: Die Amerikaner besaßen seit 1921 sogenannte Exzeß-Reserven. Ursprünglich sollte jeder in den USA umlaufende Dollar zu 25 Prozent durch Gold gedeckt sein. Große Goldzuflüsse in den ersten Monaten nach dem Ersten Weltkrieg trieben die Golddeckung jedoch auf über 75 Prozent nach oben. 1924 lag der Goldstock bei 4,21 Milliarden Dollar, die Geldmenge nur bei 4,76 Milliarden. 1930 war das Verhältnis 4,6 Milliarden Geldumlauf zu 4,3 Milliarden Goldbestand. Durch Roose-

velts Abwertung 1934 wurde der Dollarbestand noch wertvoller gemacht. Der administrativ erhöhte Goldpreis führte dazu, daß die USA bei Kriegsende 1945 über 75 Prozent der gesamten Goldreserven der Welt in ihrem Besitz hatten. Nach den Spielregeln einer Goldwährung hätten die USA ihre Geldmenge entsprechend ausweiten müssen. Das hätte zu einer gewaltigen Inflation in den USA geführt und anschließend zu einem Abfluß des Goldberges. Die USA schoben jedoch die Überdeckung ihrer Währung vor sich her und bauten sie durch eine allmähliche Inflationierung des Dollars ab, bis sie 1967 wieder auf den gesetzlich vorgeschriebenen 25 Prozent angelangt waren. An diesem Zeitpunkt gab es nur noch eine Alternative: geringere Vermehrung der Papier-Dollar, um die 25-Prozent-Deckung zu erhalten, oder der Abgang vom Gold als Deckung der Papier-Dollar.

11. Im Juni 1967 zog sich Frankreich aus dem Gold-Pool zurück, was jedoch erst nach der Abwertung des englischen Pfundes am 18. November 1967 bekanntgegeben wurde. Das Resultat: Hektische Goldkäufe. Die USA mußten die französische Quote mit übernehmen.

12. Am 15. März 1968 wurde bekannt, daß die Gold-Pool-Länder seit der Pfund-Abwertung über drei Milliarden Dollar Gold verloren hatten. Und am 17. März brach der Gold-Pool ganz auseinander. An jenem Tag verlor London seine Stellung als führender Goldhandelsplatz.

Am 18. März wurde ein gespaltener Goldmarkt eingerichtet:

- ein Markt für Goldkäufe zwischen Notenbanken und Regierungen. Der Goldpreis wurde auf 35 Dollar festgeschrieben;
- ein freier Goldmarkt für Privatleute mit einem freien Preis.

Da die Londoner Goldhändler von ihren bisherigen Quellen (Bank of England usw.) abgeschnitten waren, sank ihr Umsatz schlagartig. Das neue Goldhandelszentrum wurde allmählich Zürich, zumal in der Schweiz auch Inländer in unbeschränktem Umfang mit Gold handeln dürfen. London erholte sich erst langsam von dem Schlag. Im Mai 1968 erreichte der freie Marktpreis 42,40 Dollar.
13. Der Goldpreis bröckelte jedoch langsam wieder ab, nachdem er am 10. Mai 1969 noch einmal 43,85 Dollar erreicht hatte. Ende 1969 lag der freie Marktpreis wieder bei 35 Dollar.
1970 war das Jahr der Ruhe vor dem Sturm. Der Goldpreis erreichte mit 34,70 Dollar seinen tiefsten Punkt seit dem Weltkrieg. Noch gab es eine kleine goldene Bremse: noch war der amerikanische Staat verpflichtet, jeweils 35 angebotene Dollar in eine Unze Gold umzutauschen, auch wenn diese Verpflichtung nur noch gegenüber den Notenbanken bestand. Nur die französische Notenbank machte von ihrem Umtauschrecht rigoros Gebrauch. Die Bundesbank verzichtete in

einem Brief des verstorbenen Präsidenten Karl Blessing großzügig darauf, Dollar in Gold umzutauschen. Daher bestehen die deutschen Währungs-Reserven heute nur zu einem kleinen Bruchteil aus dem Ding an sich: Nur knapp 14 Milliarden (in D-Mark bilanziert) sind Gold, über 60 Milliarden wertlose Papier-Dollar-Forderungen. Nur Großbritannien beging einen ähnlich gravierenden Fehler, als es sein Gold in den sechziger Jahren zur Stützung des Pfundes verplemperte.

14. Am 15. August 1971 war alles zu Ende. Präsident Nixon hob jegliche Goldeinlösepflicht für die USA auf. Seit diesem Datum gibt es auf der ganzen Welt nur noch reine Papier-Währungen. Am Jahresende 1971 stand der Goldpreis auf 43,62 Dollar.

15. In Washington wurde am 18. Dezember 1971 das «bedeutendste Währungs-Abkommen in der Geschichte» (so Nixon) unterzeichnet. Es sah eine Dollar-Abwertung und damit eine Goldaufwertung auf 38 Dollar je Feinunze vor. Daneben neue feste Wechselkurse aller gegen alle. Doch schon in den ersten Monaten des Jahres 1972 hielt der Goldpreis-Anstieg an. Im Mai wurde die 50-Dollar-Marke überschritten. Südafrika hielt mit Goldverkäufen zurück und trieb das Gold auf über 70 Dollar. Im Februar 1973 schon brach das Washingtoner Abkommen zusammen. Der Dollar wurde wieder abgewertet, das Gold auf 42,2 Dollar die Unze aufgewertet. Zehn

Tage später stand der freie Goldpreis auf 97 Dollar – mehr als doppelt so hoch.

Seit der endgültigen Lösung der Währungen vom Gold hat natürlich der freie Goldpreis nichts mehr mit irgendwelchen «amtlichen» oder «offiziellen» Goldpreisen gemeinsam. Er entwickelt sich jetzt nach eigenen Gesetzmäßigkeiten. Die Grundlage für diese Gesetzmäßigkeiten sind:

a) Die *zusätzliche «normale» Nachfrage* nach Gold zu Industrie- oder Schmuck-Zwecken, die das Angebot übersteigt.
b) Die *allgemeine Geldentwertung,* gemessen zum einen am Anstieg aller übrigen Rohstoffpreise, zum andern am Anstieg der Lebenshaltungskosten (die durch Warenkorbvergleiche fixiert werden).
c) Der *allgemeine Vertrauensverlust.* Er steigert sich mit dem antizipierten Vertrauensverlust. Wer weiß, daß die anderen morgen kein Vertrauen mehr haben, hat heute schon keines mehr. In der Schlußphase mündet alles in die unvermeidliche Panik. In dieser Panik-Phase kann sich der Goldpreis binnen Stunden verhundert- oder vertausendfachen.

a) Die normale Mehrnachfrage nach Gold

Die gegenwärtige Mehrnachfrage nach Gold (Schmuck, Industriegold, Zahngold, normale Hortungen) – allerdings auf einer Goldpreis-Ba-

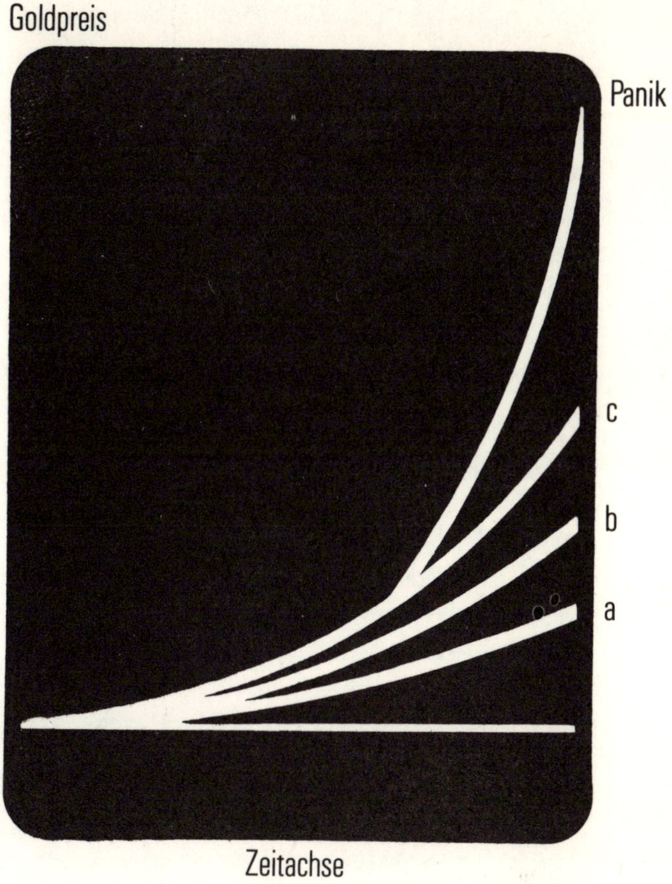

Abbildung 10
Modell der Goldpreisentwicklung.

sis von unter 100 Dollar – liegt bei 50 bis 150 Tonnen pro Jahr. Bis zu zehn Prozent der Jahresproduktion können also fehlen. Ein Goldpreisanstieg um zwei bis drei Prozent pro Jahr ist trotz des inzwischen erreichten Preisniveaus und einer entsprechenden Nachfragedämpfung nicht auszuschließen.

b) Der Nachholbedarf des Goldpreises gegenüber den anderen Rohstoffpreisen

Die Rohstoffpreise sind seit der Fixierung Gold/Dollar im Jahre 1934 gewaltig in die Höhe geschnellt. Die beiden führenden Rohstoff-Meßwerte, der Preisindex von Moody und der Preisindex von Reuter, die beide ihre Basis 1931 = 100 haben, sind inzwischen auf weit über 600 bzw. 1000 Punkte gegangen.
Wenn Gold den Preisanstieg der übrigen Rohstoffe jetzt nachvollzieht, müßte sich der Goldpreis mindestens versechsfachen, wenn nicht verzehnfachen. Aus den ursprünglich 35 Dollar müßten dann 210 Dollar oder sogar 350 Dollar je Unze werden.
Vergleicht man den Preis für ein anderes Metall, das als Ware fast immer freier Preisbildung unterworfen war, nämlich Kupfer, mit dem Preis für Gold, ergibt sich (theoretisch) eine Verzehnfachung des Goldpreises. Der Kupferpreis stieg von etwa fünf Cent pro Pfund (US-Pound) im Jahre 1934 auf gut über 50 Cent pro Pfund an.

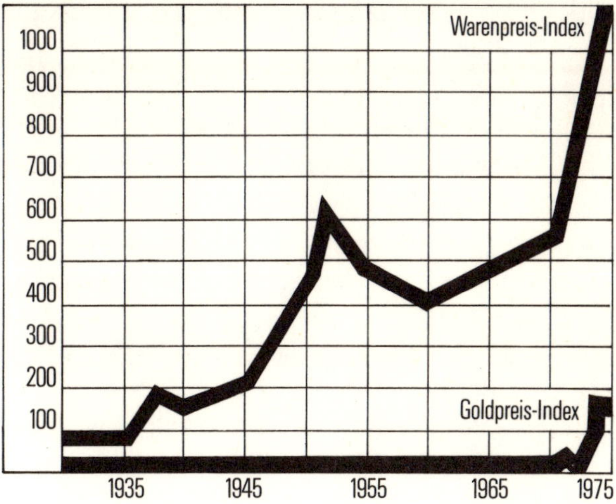

Abbildung 11
Der Warenpreis-Index von Reuter (Reuters Commodity Price Index), der Goldpreis-Index seit 1934.

Gold müßte entsprechend auf 350 Dollar die Unze steigen. In Spitzenzeiten erreichte das Kupfer sogar 75 und 90 Cent; der Goldpreis läge dann analog bei 560 Dollar die Unze.
Eine Verzehnfachung des Goldpreises nach der Lösung des Goldes von den Fesseln der Währungspolitik wäre auch vom Standpunkt der Immobilien-Preise aus betrachtet nicht ungewöhnlich. Seit 1934 sind die Bodenpreise weltweit ebenfalls um mindestens ein Zehnfaches im Wert gestiegen.

c) Der allgemeine Vertrauensverlust

Da der Goldpreis bekanntlich in Papiergeld-Einheiten gemessen wird, muß er um so schneller steigen, je stärker die Papiergeldvermehrung läuft. Die Papiergeldvermehrung in den meisten Industrienationen hat inzwischen einen Umfang angenommen, der ganz deutlich zeigt, wie spät es ist: Der Übergang zur offenen Inflation ist da.
Großbritannien steigerte Anfang 1973 seine Geldmenge derart, daß es bei diesem Tempo in drei Jahren die umlaufende Geldmenge verdoppelt hätte. In der Bundesrepublik ist die Geldmenge in sechs Jahren verdoppelt worden. Beim gegenwärtigen Tempo ist die nächste Verdoppelung schon 1978 fällig. In den USA wird das Geld alle zehn Jahre verdoppelt. In vielen anderen Staaten geht es noch viel schneller.

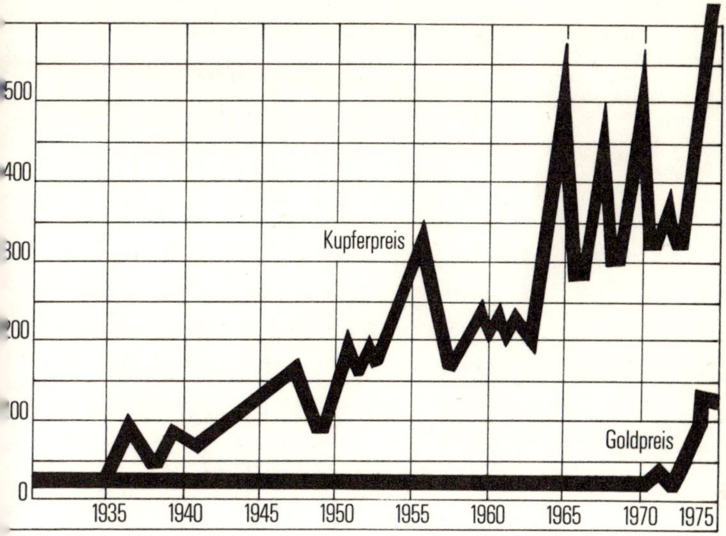

Abbildung 12
Die Entwicklung des Kupferpreis-Index (Basis: New York Cents per Pound nächstes Termingeschäft) und der Goldpreis-Index (London Dollar pro Feinunze).

Bei Teuerungsraten von zehn Prozent pro Jahr für den privaten Haushalt schwindet das Vertrauen der breiten Massen in die Währungspolitik immer schneller. Eines Tages wird jeder Sparer merken, welches Stück gespielt wird. Er schränkt dann seine Bargeld-Bestände auf ein Minimum ein, gerade um das Notwendigste zum Abwickeln täglicher Überlebens-Transaktionen zu haben, zum Beispiel für den Kauf von Lebensmitteln. Den Rest seiner Papiergeld-Aktiva steckt der Sparer aber in das wertbeständige Gold. Im Sommer 1971 veröffentlichte einer der besten Köpfe der deutschen Wirtschaftspublizistik, der Wirtschafts-Chef der «Süddeutschen Zeitung», Walter Slotosch, sein Buch «Das Geld, mit dem wir leben müssen. Panorama der Weltinflation». Untertitel: «Die Deutsche Mark 1950–2000.»

Auf Seite 63 seiner Ausführungen zeigt Slotosch in einer schematischen Darstellung den Kaufkraftschwund bei einer jährlichen Erhöhung des volkswirtschaftlichen Preisniveaus um acht Prozent. Wer 1970 glatte 100 000 Mark angelegt hat, erhält unter diesen Voraussetzungen im Jahre 2000 noch lächerliche 9600 Mark zurück.

Natürlich wird kein deutscher Sparer so töricht sein, nicht zu merken, wohin die Reise geht, und sich zum dritten Mal in diesem Jahrhundert auf Null bringen lassen. Rechtzeitig wird er seine Engagements lösen und ins Gold flüchten. Wann die breite Flucht in den Sachwert Gold einsetzt,

wann es zur fälligen Panik kommt, ist möglicherweise nur eine Frage der Zeit.
Um für etwas Laune zu sorgen:
In den ersten Monaten des Jahres 1922 stiegen die Preise auch sehr kommod. Und niemand hätte gedacht, daß sich die Katastrophe schon knapp anderthalb Jahre später vollenden würde.

So viel kostete das «Hamburger Fremdenblatt» (täglich reichillustrierte Kupfertiefdruck-Beilagen) in der ersten deutschen Inflation:

Datum:	Preis:
14. Juni 1921	50 Pf.
10. Mai 1922	1,50 M.
8. Aug. 1922	3 M.
11. Dez. 1922	40 M.
17. Febr. 1923	150 M.
7. Juni 1923	300 M.
5. Juli 1923	1200 M.
4. Aug. 1923	8000 M.
12. Aug. 1923	15 000 M.
28. Aug. 1923	100 000 M.
21. Sept. 1923	2 Mio. M.
26. Okt. 1923	800 Mio. M.
19. Nov. 1923	180 Mrd. M.
25. Jan. 1924	20 Goldpfg. = 200 Mrd. M.
18. Juli 1926	15 Pf.

Nimmt die jetzige Inflation ein ähnliches Tempo an, dürfte die Frage nach der Geschwindigkeit der Goldpreisentwicklung nur noch rhetorischen Charakter tragen.
Nach der Goldpreis-Welle vom Mai 1973 fragte das US-Magazin «Business Week» Franz Pick, wie er die weitere Entwicklung des Goldpreises sieht. Seine Antwort ist höchst bemerkenswert: «Wir leben in einer Zeit des negativen Zinses. Geldanlegen bedeutet doch eigentlich Geld aus der Hand zu geben, um mehr zurückzubekommen. Auf einem Sparkonto bekommen Sie jetzt 5¾ Prozent. Doch die Lebenshaltungskosten werden in diesem Jahr um 15 Prozent ansteigen. Wie sollen Sie damit zurechtkommen? Warum greift die Presse nicht die großen Industrie-Unternehmen an, die Schuldverschreibungen verkaufen? Sie spritzen doch den Dollar. («Spritzen»: sie gehen auf Dollar lautende Verpflichtungen ein, in der sicheren Gewißheit, weniger Dollar zurückzahlen zu müssen). Gold wird innerhalb von zwei Jahren auf 420 Dollar steigen. Was sollte daran so unglaublich sein? – Wir werden eine Währungsreform bekommen: Zehn Dollar zu eins. Warum wagen Sie nicht zu schreiben, daß Gold, das 106 Dollar die Unze kostet, in Wirklichkeit nur 25 Dollar wert ist? Allerdings 25 Dollar der Kaufkraft des Jahres 1940!»

Wo man Gold kauft

«Jede Inflation endet damit, daß der Wert der Währungen den Wert des Papiers annimmt, auf das sie gedruckt sind.»

Der Londoner Bankier Walter Benjamin, Chef des Hauses Rea Brothers

Kein vernünftiger Mensch, der seine fünf Sinne beieinander hat, wird das Ende der Papier-Währungen abwarten und sich beim Anblick etwa eines deutschen Tausend-Mark-Scheins damit trösten, dieses schön bedruckte Stück Papier habe schließlich 23 (alte) D-Pfennig Herstellungskosten verursacht.
Jeder vernünftige Mensch muß jetzt überlegen, wie er sein Vermögen vor der Inflation in Sicherheit bringen kann. Gold bietet sich dabei als der interessanteste Inflationsschutz an. Grundstücke sind nicht transportabel. Wer Grundstücke besitzt, ist überdies im Grundbuch eingetragen und damit dem Zugriff der Obrigkeiten ausgeliefert.
Diamanten im Ledersäckchen sind zwar schnell außer Landes geschafft. Märkte und damit Veräußerungsmöglichkeiten für die schönen

Steine gibt es nur in den ganz großen Metropolen der Welt. Und wer ist schließlich so ein Kenner, daß er «River» von «Top Wesselton» unterscheiden kann?

Gold mit amtlichem Stempel dagegen kann man in mannigfachster Form erwerben, lagern und transportieren. Vor allem: Gold wird überall auf der Welt als universelles Tauschmittel akzeptiert.

Eine vollständige Übersicht der Anlagemöglichkeiten in Gold beginnt am besten mit den wichtigsten Goldhandelsplätzen. Mit einer Aufstellung also der Orte, wo Gold frei und ohne viele Fragen gehandelt werden kann.

Natürlich gibt es Gold auch sonst überall auf der Welt zu kaufen, indes eben nur mit entsprechendem Aufgeld (in Moskau z. B. zwischen 250 und 300 Prozent), welches der kluge Investor zu sparen versucht.

1. *Die Schweiz.* Die Schweizer Goldmärkte, konzentriert auf Zürich, Basel und Genf, sind unbestritten die führenden der Welt. An guten Tagen wird in der Schweiz Gold im Gegenwert von 25 Millionen Dollar umgesetzt. Mengenmäßig geht es dabei um Gold im Gewicht von 10 bis 12 Tonnen pro Tag.

Der Goldpreis wird in der Schweiz in Dollar notiert. Die Notiz liegt meist ein klein wenig über der Notiz in London. Das hat jedoch weniger mit

dem Gold als mit der unterschiedlichen Bewertung des Dollars zu tun, der in den beiden frei schwankenden Währungen, dem Pfund Sterling und dem Schweizer Franken, notiert wird.
Entsprechend der laufenden Dollar-Notiz rechnen die Schweizer Banken die Preise für Gold-Barren aus. An Tagen mit stark schwankender Gold-Notiz ändert sich der Barren-Preis bis zu vier- und fünfmal in der Stunde.
Gehandelt werden in der Schweiz sämtliche Arten von Goldbarren, Goldmünzen und Goldkontrakten. Goldbesitz in jeglicher Form ist für jedermann legal und völlig unbeschränkt. Gold darf in jeder beliebigen Form und Menge ein- und ausgeführt werden.
Der Goldhandel ist steuerfrei. Die Differenz zwischen Ankauf und Verkauf liegt beim Kilobarren etwa bei 1,5 bis 2 Prozent. Bei größeren Mengen und Barren nimmt die Bank-Marge sogar noch ab. Beim 12,5-Kilo-Barren (400 Unzen) übersteigt die Kommission der Bank (der Unterschied zum Börsen-Preis) kaum 0,4 Prozent.
In Zürich gibt es keine Gold-Börse, keinen amtlichen Goldmakler und keine Goldkurstafel oder Bankhändler, die deutlich sichtbar Gold kaufen oder verkaufen. Die Goldbörse in Zürich ist das Telefon. Über die Fernsprechleitungen bilden die drei Schweizer Großbanken (Bankgesellschaft, Bankverein, Kreditanstalt) den Markt und stellen die Kurse, zu denen jedermann Gold kaufen und verkaufen kann.

Jede Bank in der Schweiz wird jederzeit zum Goldgeschäft in jedem gewünschten Umfang bereit sein. Keinerlei Formalitäten werden verlangt, keine Fragen, welcher Art auch immer, gestellt. Geschäfte auf Goldkonten können in jeder frei transferierbaren Währung abgewickelt werden. Da die Schweiz jedoch jede Währung der Welt zu freien Kursen handelt und ankauft, kann also der Goldkauf praktisch mit jedem Papiergeld, auch des Ostblocks, getätigt werden.
Die Schweiz ist auf das Bankgeheimnis verpflichtet. Bewegungen auf Goldkonten oder sonstige Bankgeschäfte werden gegenüber keiner Instanz, vor allem nicht gegenüber einheimischen oder ausländischen Steuerbehörden aufgedeckt. In der Bundesrepublik hört das Bankgeheimnis bekanntlich bei der Steuerfahndung auf.
Als zusätzliche Sicherheit kann sich der Anleger ein Nummern-Konto einrichten lassen. Dabei ist die Identität des Konteninhabers nur ein oder zwei Persönlichkeiten der Bank bekannt. Die meisten Goldkonten werden in Form von Nummern-Konten geführt (Mindestbetrag: 100 000 Franken, in einigen Banken mehr).

Zur Einrichtung eines normalen Kontos mit gleichzeitigem Depot genügt das Ausweisen durch einen Reisepaß. Sämtliche Bankauszüge werden auf Wunsch zurückbehalten und normalerweise nach zwei Jahren vernichtet.

Die größten Schweizer Banken sind:

- Schweizerische Bankgesellschaft,
- Schweizerischer Bankverein,
- Schweizerische Kreditanstalt.

Diese drei Institute sind in Zürich, Basel und Genf vertreten und haben außerdem Niederlassungen in zahlreichen weiteren Schweizer Städten. Telefon-Nummern für das In- und Ausland kann man beim Telefonamt (Auskunft) erfragen. Man kann jedoch auch mit jeder anderen beliebigen Bank in Kontakt treten, selbst kleinste Landbanken bieten unübertroffenen Service. Renommierte Privatbanken (z. B. J. Vontobel & Co., Zürich, Bahnhofstraße 3) sollte der Anleger jedoch nur bei größeren Goldgeschäften in Anspruch nehmen.

2. *London.* Den Londoner Goldmarkt gibt es seit 22. März 1954. Bis 1968 wurde der Goldpreis in Shillings notiert, seither in Dollars. Der Markt hat an Bedeutung verloren, seit der Gold-Pool zusammengebrochen ist und die Notenbanken kein Gold mehr über London an- und verkaufen. In London wird das Geschäft hauptsächlich von den sogenannten «Bullion Brokers» (Metall-Händlern) abgewickelt, die über jahrhundertelange Erfahrungen im Geschäft mit dem gelben Metall verfügen. Der Standard-Barren, mit dem

in London Gold gehandelt wird, ist der 12,5-Kilo- oder 400-Unzen-Barren. In diesem Barren ist auch ein lebhafter Terminhandel zu beobachten (siehe S. 142).

Der Goldpreis wird in London zweimal täglich, beim sogenannten «Fixing», festgestellt. Dieses Fixing ist mit der Feststellung der deutschen Börsenkurse zur «Kasse», also etwa um 12 Uhr 30, zu vergleichen. Beim Fixing begeben sich am späten Vor- und am frühen Nachmittag die fünf wichtigsten Goldhandelshäuser in die Geschäftsräume des Bankhauses N. M. Rothschild & Sons und einigen sich auf einen bestimmten Preis. Zum Zeichen des Fixings wird ein britisches Fähnchen hochgehoben und wieder auf den Tisch gestellt. Auch außerhalb des Fixings geht der Goldhandel zu variablen Preisen weiter.

In London dürfen nur Ausländer («Nonresidents») mit Gold handeln. Die Barren können daher nicht in Pfund Sterling bezahlt werden, sondern nur in amerikanischen oder kanadischen Dollars, in Schweizer Franken, D-Mark oder anderen frei transferierbaren Währungen. Die Kommissions-Gebühren liegen bei 0,5 Prozent, bei größeren Kontrakten noch niedriger. Die Marge zwischen An- und Verkauf ist ähnlich der in Zürich oder Genf. Jeder Goldkäufer in London kann jederzeit die Auslieferung seiner Barren an jeden beliebigen Platz der Erde verlangen. Was sich jedoch nur für Staaten empfiehlt, die bei der Gold-Einfuhr keinen Zoll

erheben und/oder die Barren nicht sofort konfiszieren.
Die wichtigsten Londoner Bullion Broker sind:

- Samuel Montagu & Co., Ltd., 114 Broad Street, London EC2P 2HY
- Johnson Matthey Bankers Limited, 15 King Street, London EC2V 8ED
- Mocatta & Goldsmid, 7 Throgmorton Avenue, London EC2N 2DB
- N. M. Rothschild & Sons, New Court, St. Swithin's Lane, London EC4P 4DU
- Sharps, Pixley, Limited, 20 Fenchurch Street, London EC3M 3DB

3. Frankfurt. Der Frankfurter Goldmarkt wurde nach dem Zusammenbruch des Gold-Pools etabliert. Täglich werden dort die Preise für Kilo-Barren amtlich festgestellt. Ein nennenswertes Geschäft hat sich jedoch nie entwickeln können, weil auf den Verkauf von Goldbarren in der Bundesrepublik elf Prozent Mehrwertsteuer gelegt werden, was den professionellen Investor natürlich abschreckt. Da die Banken in der Bundesrepublik überdies bis zu sieben Prozent Marge zwischen An- und Verkauf lassen, ist der Goldhandel in der Bundesrepublik nicht sehr bedeutend.
Die Mehrwertsteuer sollte indes goldbewußte Anleger nicht übermäßig schocken. Bisher hat

vor allem der Kleinanleger, der die in Deutschland hauptsächlich gebräuchlichen kleinen Barren ab 50 Gramm gekauft hat, die Mehrwertsteuer noch jedes Mal wieder eingespielt. Die Frage: Kauf auch trotz Mehrwertsteuer? ist nur die Frage nach dem Umfang der geplanten Anlage. Wer mehr als 500 Gramm Gold kaufen will, sollte dies grundsätzlich nur in der Schweiz tun. Die Mehrwertsteuer für den deutschen Fiskus liegt höher als ein Flugticket selbst von Hamburg nach Zürich und zurück, einschließlich Taxi-Spesen: rund 540 Mark gegenüber 460 Mark.

Was in der Bundesrepublik umgeht, sind mehrwertsteuerfreie Münzen. Das sind Goldstücke, die in ihren Heimatländern formell noch als «gesetzliche Zahlungsmittel» gelten. Weil auch der deutsche Fiskus gesetzliche Zahlungsmittel, also Geld, schlecht mit einer Steuer belegen kann, sind diese Goldmünzen mehrwertsteuerfrei geblieben (Einzelheiten siehe Kapitel «Goldmünzen»).

Kauf und Verkauf von Gold und Goldmünzen sind in der Bundesrepublik (noch) völlig frei, ebenso die Ausfuhr und Einfuhr (sofern die Mehrwertsteuer an der Grenze entrichtet wird). Wertzuwachs an Goldbarren und Goldmünzen bleibt in der Bundesrepublik steuerfrei, insofern kein Spekulationsgeschäft vorliegt, also zwischen An- und Verkauf mehr als sechs Monate liegen.

Als Adressen zum An- und Verkauf von Gold und Goldmünzen empfehlen sich praktisch sämtliche Banken und Sparkassen im Bundesgebiet, wenngleich der Deutschen Bank AG und ihren über 1000 Filialen der Vorzug zu geben ist. Die Deutsche Bank verkauft nämlich auch sogenannte Goldzertifikate, mehrwertsteuerfreie Berechtigungs-Scheine zum Bezug von Goldbarren (siehe Kapitel «Goldzertifikate»).

4. Frankreich. Der französische Goldhandel wird vor allem in Paris, in kleinerem Umfang auch in Lyon, Bordeaux, Lille und Marseille abgewickelt. An der Pariser Börse werden werktäglich die Preise in 12,5-Kilo-Barren («Barre») und in 1-Kilo-Barren («Lingot») angegeben. Ebenfalls findet sich eine Reihe von Goldmünzen im Kurszettel; vor allem wird der 20-Goldfranken («Napoleon») gehandelt. Der Pariser Goldpreis verzeichnet ein erhebliches Aufgeld gegenüber den beiden anderen wichtigen Goldpreisen in London und in Zürich.
Der Grund ist einfach: In Frankreich sind zwar Besitz und Handel mit Gold absolut frei und gänzlich ohne jegliche Formalitäten. Seit dem 18. November 1968 blieben jedoch Einfuhr und Ausfuhr von Gold strikt verboten. Daher kann die Arbitrage, der Preisausgleich zu anderen Goldmärkten, nicht funktionieren.
Täglich kommen Umsätze bis zu einem Ge-

genwert von zehn Millionen Francs und mehr zustande. Beobachter vermuten, daß ein Teil der benötigten Ware durch Schmuggel aus der Schweiz nachgeschoben wird, zumal die Preisdifferenz zwischen Zürich und Paris manchmal ganz erheblich ist. In der Gold-Hausse im Mai 1973 stieg der Pariser Goldpreis vorübergehend auf (umgerechnet) 124 Dollar die Unze, während er in Zürich noch bei 114 Dollar stand. Wer zu diesen Preisen einen 12,5-Kilo-Barren in Paris verkaufte, ihn sich gleichzeitig in Zürich aushändigen ließ und anderntags dem Abnehmer in Paris übergab, konnte mit einem Schlag 4000 Dollar einstreichen. Selbstverständlich kommt für den seriösen Anleger der Goldschmuggel, in welcher Form auch immer, niemals in Frage.
Gold ist in Frankreich überaus beliebt. Nach Indien lagert in französischen Privat-Tresoren die zweitgrößte private Goldmenge der Welt. Die Franzosen wissen warum: Allein seit 1928 gab es 19 Abwertungen der Landeswährung.

5. Kanada. Obwohl der kanadische Goldmarkt ebenfalls vollständige Freiheit genießt, ist er bisher nicht zu größerer Bedeutung gelangt. Einheimische Spieler versuchten ihr Glück lieber in Penny-Stocks, Aktien, die im Wert von wenigen Cents ausgegeben werden und die in schnellem Geschäft mehrere hundert Prozent Gewinn (sel-

ten) oder hundert Prozent Verlust (häufiger) versprechen.
Der kanadische Goldmarkt bestand bis vor kurzem fast ausschließlich aus dem Verkauf von Goldzertifikaten der Bank of Nova Scotia. Diese Zertifikate sind übrigens identisch mit den von der Deutschen Bank AG vertriebenen Anrechtsscheinen. Die Goldzertifikate kaufen US- und Südamerikaner, denen der legale Goldbesitz in ihren Ländern verboten ist.
Seit dem 15. November verfügt Kanada auch über einen speziellen Gold-Markt, einen Gold-Termin-Markt an der Produkten-Börse in Winnipeg, wo Kontrakte über 400 Unzen gehandelt werden. Der Tagesumsatz liegt bei 25 bis 30 Kontrakten. Das Geschäft steckt noch in den Anfängen. «Future»-Trading in Winnipeg vermitteln in der Bundesrepublik die niedergelassenen amerikanischen Broker, z. B. Merrill Lynch oder Bache & Co., Hamburg.

6. USA. Im Spitzenland des Kapitalismus ist der Goldbesitz verboten; nur Schmuck, alte Goldmünzen (geprägt vor dem 1. Januar 1934) und Gold-Staub, «gold in its natural state», wie es so schön heißt, dürfen die Bewohner des freiesten Landes der Welt besitzen.
Der amerikanische Goldmarkt ist völlig unbedeutend. Täglich werden nach Schätzungen von Franz Pick etwa drei bis fünf Millionen Dollar

Goldmünzen umgesetzt. Der Hauptmarkt ist New York. Vornehmlich die Republican National Bank hat sich auf den Goldmünzenhandel spezialisiert.
Versuche, einen Termin-Markt in Goldmünzen zu etablieren, wurden von der Regierung unterbunden. Ein umfangreicher Goldschmuggel blüht vor allem an der amerikanisch-kanadischen Grenze. Per Schnellboot, Lastwagen oder Helikopter werden täglich bis zu einer Million Dollar in Goldmünzen ins Land gebracht.
Trotz der Gefahr der sofortigen Konfiskation sollen sich die Amerikaner gegen eine Dollarkatastrophe mit rund vier Milliarden Dollar an Gold und Goldmünzen (Stand Ende 1972, nach Pick) in ihren Privat-Safes gewappnet haben. Weitere 1,9 bis 2,8 Milliarden Dollar lagern in US-Tresoren außerhalb der Landesgrenzen, in Kanada, Großbritannien, der Schweiz oder in Mexiko, auf den Bahamas oder den Bermudas.

7. Beirut, Dubai und Singapur. In Beirut, der Hauptstadt des Libanon, existiert ein absolut freier Goldmarkt. Der Goldpreis schwankt mit geringen Abwandlungen um den Londoner Goldpreis. Notiert werden 12,5- und 1-Kilo-Barren in US-Dollar, ebenfalls britische Sovereigns, also 1-Pfund-Münzen.
In Beirut gibt es auch eine private Münze, die gegen private Goldbarren-Anlieferung hervorra-

gende Nachprägungen jeder gewünschten Goldmünze in jeder gewünschten Feinheit liefert. Monatlich vermünzt die Anstalt bis zu fünf Tonnen Gold. Vorsicht ist beim Handel mit Sovereign-Münzen geboten, die mit niedrigerem Goldgehalt ausgebracht werden (siehe auch Seite 130). Der Umsatz an Gold in Beirut wird von Pick auf 1,5 bis zwei Millionen Dollar pro Woche geschätzt, meist in 1-Kilo-Barren. Dazu kommen noch 1,5 Millionen Dollar für Münzen. Beirut ist der Hauptumschlagplatz von Gold für Kuwait sowie den Nahen und Mittleren Osten. Ähnliche Funktionen erfüllt seit 1968 Dubai, das Scheichtum am Persischen Golf. Dort werden monatlich 20 bis 25 Tonnen Gold umgeschlagen. Zielort sind verschwiegene Anlegerstellen und Hafenstädte in Pakistan und Indien. Gold wird in Dubai mit einem Aufgeld von etwa fünf bis sieben Prozent gegenüber London notiert, entspricht also etwa dem Pariser Preisniveau. Jeglicher Goldhandel, Ein- und Ausfuhr ist in Dubai frei. Ins Geschäft teilen sich die Filialen von inzwischen siebzehn europäischen und amerikanischen Banken sowie sechs asiatische Schmuggel-Syndikate.
In Singapur schließlich gibt es seit dem 1. April 1969 einen Goldmarkt für «Nonresidents» (ähnlich wie in London). In geringem Umfang werden in Singapur «Gold Futures» abgewickelt, Termingeschäfte bis zu einem Jahr.

Welches Gold man kaufen soll

«Regierungen betrügen immer nur die Besitzer ihres Papiergeldes und ihrer Staatsanleihen. Sie wagen es nur selten, Goldmünzen zu prägen, die weniger als die vorgeschriebene Menge Feingold enthalten.»

Franz Pick in seiner Broschüre «Gold»

Der Gold-Freund hat eine reiche Auswahl, sich in den direkten oder indirekten Besitz des gelben Metalls zu bringen.
Man unterscheidet:

I. Richtiges Gold

1. Gold-Barren
2. Gold-Münzen
3. Gold-Staub
4. Gold-Schmuck
5. Goldmarken und Goldmedaillen

II. Papiergold

1. Gold-Zertifikate
2. «Gold Futures» (Termingeschäfte in Goldbarren)
3. Picks «Escalation Technique»
4. Internationale Sonderziehungsrechte (Special Drawing Rights»), das sogenannte «Papiergold»

Außerdem kann man sich am Gold via Kauf von Goldminen-Aktien beteiligen, denen ein eigenes Kapitel gewidmet wird.

I. RICHTIGES GOLD

1. Gold-Barren

Der Barren ist Gold in reinster und massivster Form. Er ist der sicherste Inflationsschutz auf kleinstem Raum.

An allen großen Goldplätzen wird Gold gegen Kasse in zwei Standardgrößen als Barren ausgeliefert. In diesen beiden Standardgrößen können jeden Tag an jedem beliebigen Banktresen Gold-Barren ausgegeben werden, versehen mit dem Stempel einer unter amtlicher Aufsicht stehenden Gold- und Silber-Scheide-Anstalt, einer Bank oder einer Staats-Münze:

- *Der 12,5-Kilo-Barren.* Er entspricht ziemlich genau 400 Unzen im Gewicht und ist 995/1000 fein. Der Preis des 12,5 Kilo-Barrens lag Mitte 1973 in London bei 45 200 Dollar.
- *Der 1-Kilo-Barren.* Er entspricht 32,1507 Unzen. Er ist 999/1000 fein. Der Kilo-Barren ist wegen seines niedrigeren Preises und seiner relativ größeren Erschwinglichkeit das am weitesten verbreitete Gold-Stück auf Erden. Für Kilo-Barren gibt es genormte Privat-Safes in Europa. Und so-

gar Standard-Goldwesten, in denen bis zu 20 einzelne Stücke Platz finden, damit sie von Desperados in Länder mit Goldeinfuhr-Verbot geschmuggelt werden können. Der börsennotierte Kilo-Barren-Preis in Frankfurt lag Mitte 1973 bei 9500 Mark. Am Schalter mit Mehrwertsteuer bei 10 980 Mark.

Daneben gibt es noch besondere Standard-Barren für die Abnehmer östlich von Dubai:

- *Barren von zehn Tolas.* Das sind 3,75 Unzen (ca. 116,6 Gramm), 999/1000 bis 999.9/1000 fein. Mit diesen Barren wird der Goldbedarf in den Ländern Indien, Pakistan und Nepal befriedigt. Der Handel in den Abnehmerstaaten ist verboten. Er wird durch die in Dubai ansässigen Schmuggelsyndikate abgewickelt. Der Preis der Barren liegt etwa 4,5 Prozent oberhalb des Londoner Goldpreises, fob London Airport. Mitte 1973 wurde in Dubai der 10-Tolas-Barren mit rund 380 Dollar notiert.
- *Barren von 100 Tael.* Das ist das alte chinesische Goldgewicht, das heute noch in Hongkong gilt. Der Goldbesitz in Maos China ist selbstverständlich verboten. Der Hongkong-100-Tael wiegt 120,3 Unzen, etwa 374,1 Gramm. Der früher gebräuchliche 100-Tael hatte einen Feinheitsgrad von nur 945/1000. Diese Barren gibt es praktisch nicht mehr. Heute wird der 100-Tael mit 995/1000 fein gehandelt. Der Preis lag Mitte 1973 bei 1580 US-Dollar.

Außer diesen Standard-Größen in Ost und West

gibt es zahlreiche Untergrößen. In der Bundesrepublik Deutschland und in der Schweiz werden kleine Barren (999.9/1000 fein) im Gewicht von 10, 20, 25, 50, 100, 200, 250 und 500 Gramm angeboten. An den deutschen Bankschaltern tragen die kleinen Größen sämtlich ein Aufgeld, das mit ihrer Größe abnimmt. Es liegt zwischen einem und acht bis neun Prozent. Außerdem muß in der Bundesrepublik noch die Mehrwertsteuer von 11 Prozent dazugerechnet werden. Kanadische und britische Scheideanstalten haben auch 1-Unzen-Barren (31,1 Gramm) auf den Markt gebracht, die in Kanada jeder Kanadier und Europäer frei erwerben kann und in London jeder «Nonresident». Diese sogenannten «Waffeln» sind 999/1000 fein und kosten zwischen zwei und vier Dollar mehr als der offizielle Goldpreis, der am gleichen Tag für die Feinunze notiert wird.

Vorteile des Goldbarrens

Der Gold-Barren ist der beste und sicherste Schutz gegen politische Wirren, Inflationen und jegliche andere Form von währungspolitischem Chaos. Seit die ersten Goldbarren vor 5000 Jahren gegossen wurden, hat sich Gold als die einzige wirklich wertbeständige Anlage erwiesen. Jeder größere Barren kann jederzeit in kleinere Barren umgetauscht werden. Mit größeren und kleineren Barren können jederzeit und

überall Lebensmittel, Luxusjachten und Landsitze erworben werden.
Goldbarren lassen sich bequem innerhalb und außerhalb der Landesgrenzen aufbewahren. Als bester Aufenthaltsort für Gold hat sich seit jeher die Schweiz erwiesen, die wie kein zweites Land in der Geschichte eine stets korrekte Währungspolitik und absolute Freiheit im Handel mit Gold und sämtlichen Währungen der Welt garantiert hat.
Jeder Besitzer von Goldbarren hat in den vergangenen fünf Jahren erheblich höhere Gewinne einstreichen können als bei einer durchschnittlichen Anlage in Aktien oder sonstigen «Wertpapieren» möglich war. Allein seit 1970 gab es bei einer Anlage in Gold-Barren dreifaches Geld.

Nachteile des Goldbarrens

Der Goldbarren ist totes Kapital. Er bringt keine Zinsen. Seine Verzinsung besteht in normalen Zeiten aus der Inflationsrate. Da der Barren seinen Wert behält, steigt sein Preis analog zum Verfall der Papiergeld-Währungen. Die Möglichkeiten für zusätzliche Goldpreissteigerungen sind schon erwähnt worden (Seite 84ff.).
Bei einer Rückkehr zu geordneten Währungsverhältnissen, was nur eine Rückkehr zur Goldwährung bedeuten kann, ist der private Besitz von Goldbarren überflüssig und sinnlos.
Der Barren bringt infolge seines Volumens und

Gewichtes Aufbewahrungsprobleme mit sich. Er muß versichert werden und ist – vor allem über Landesgrenzen – nicht immer leicht und gefahrlos zu transportieren. In vielen ehedem «freien» Staaten mußten die Barren-Besitzer ihr Gold über Nacht an Währungs-Ämter und andere Regierungs-Behörden abliefern. Ein solcher Ablieferungszwang zu «amtlich» vorgeschriebenen Preisen kann sich im Rahmen einer Zuspitzung der Vertrauenskrise der Papier-Währungen auch in freiheitlichen Demokratien jederzeit abspielen. Besonders zeichnen sich extreme Regimes dadurch aus, daß sie die privaten Goldbestände ihrer Bürger plötzlich «nationalisieren» und die Barren-Eigner mit wertloser Landeswährung zu willkürlich festgesetztem Einheitspreis abspeisen.

2. *Gold-Münzen*

Die Goldmünze gilt seit jeher als der Inflationsschutz des kleinen Mannes. Der Kauf des kalten, klotzigen Barrens ist einmal zu aufwendig; zum anderen bietet die Goldmünze auch was fürs Auge, wenn man sie in stillen Abendstunden durch die Finger gleiten läßt. Überdies kann man sich am Klang der hübschen runden Dinger erfreuen und immer sagen: Dieser Klang ist unvergänglich. Ein Hundert-Mark-Schein gibt bestenfalls ein häßliches Rascheln von sich.

Goldmünzen müssen mit besonderer Sorgfalt gekauft werden. Man beachte:

- Der Unterschied zwischen bester Qualität und bereits durch Gebrauch abgenutzten Stücken (Goldmünzen liefen früher ja als Geld um) macht sich im Preis bemerkbar. Für Stücke zweiter Wahl wird ein Abschlag von 10 Prozent gezahlt.
- In der Bundesrepublik Deutschland sind historische Münzen mehrwertsteuerpflichtig (11 Prozent). Nur Goldmünzen, die noch als gesetzliches Zahlungsmittel gelten, sind mehrwertsteuerfrei. Dazwischen gibt es Münzen mit halber Mehrwertsteuerpflicht (5,5 Prozent).
- Fast sämtliche Münzen, historische oder noch gültige Zahlungsmittel, werden nachgeprägt. Diese Nachprägungen können erheblich verminderten Goldgehalt aufweisen.
- An- und Verkauf von Münzen sollte grundsätzlich nur in den Hauptstellen großer Kreditinstitute des In- und Auslandes oder bei erstklassigen Münzhändlern erfolgen. Gerade die Schalterbeamten kleinerer Bankfilialen oder Sparkassen sind den Anforderungen oft nicht gewachsen.

Es gibt nur wenige wirklich gängige Goldmünzen mit breitem Markt. Eine Anlage in Goldmünzen sollte sich daher auf diese Stücke beschränken:

1. Amerikanische Goldmünzen

a) *Das 20-Dollar-Stück,* genannt «Double Eagle» (Doppel-Adler). Enthält 0,9675 Unzen oder 30,09266 Gramm Feingold. Mitte 1973 kostete der Double Eagle 475 Mark. Das ist ein Aufgeld von etwa 45 Prozent gegenüber dem Barrengold-Preis.

b) *Der 10-US-Dollar («Eagle»).* Er enthält 15,04633 Gramm oder 0,4837 Unzen Feingold. Der «Eagle» kostete Mitte 1973 225 Mark. Das war ein Aufgeld von etwa 55 Prozent gegenüber dem Barrengold-Preis.

c) *Der 5-US-Dollar* («Half Eagle»). Er enthält 7,52316 Gramm Gold oder 0,2419 Unzen. Der Preis Mitte 1973 lag bei 170 Mark. Das war ein Aufgeld von rund 110 Prozent gegenüber dem Barrengold-Preis.

Eine Anlage in 5-Dollar-Stücken zeigt bereits den Übergang von einer Anlage in Gold zur reinen Numismatik. Der Aufpreis beweist, daß die Seltenheit der Münze höher bewertet wird als die Seltenheit des Münz-Metalls.

Noch deutlicher ist das bei den übrigen Gold-Dollar. Es gibt 3-US-Dollar, 2,50-US-Dollar und sogar 1-US-Dollar aus Gold, deren Aufgeld bei 2500 bis 3000 Prozent liegt, für gute Stücke sogar noch höher. Diese Münzen eignen sich nicht als Inflationsschutz in hier besprochenem Sinne, zumal man die Gefahr von wertmindernden Nachprägungen nur schwer vermeiden kann.

Alle amerikanischen Gold-Dollar-Münzen werden in der Bundesrepublik mehrwertsteuerfrei verkauft.

2. Deutsche Goldmünzen

Als Inflationsschutz kommt in größerem Umfang nur das *20-Mark-Stück* in Frage. Es enthält 7,16 Gramm Gold und kostete Ende Mai 1973 145 DM. Das war ein Aufgeld von 95 Prozent gegenüber dem Goldbarren.

20-Mark-Stücke, die von kleineren deutschen Bundesstaaten geprägt wurden (Sachsen-Meiningen, Rudolstadt, Reuß usw.), gelten als Raritäten, die hohes numismatisches Aufgeld bringen. Bei den handelsüblichen 20-Goldmark handelt es sich um Münzen mit Kaiser-Bild. Es sind zahlreiche Nachprägungen mit gleichem Goldgehalt im Umlauf. Eine Beratung bei An- und Verkauf durch kundige Münzhändler oder Bankbeamte ist daher unerläßlich. Die deutschen 20-Mark-Stücke sind mehrwertsteuerpflichtig.

3. Österreichische Goldmünzen

Die am Schalter verkauften österreichischen Goldmünzen sind sämtlich Neuprägungen. Sie stammen aus der amtlichen österreichischen Münzanstalt und tragen die Jahreszahl 1915. (1915 war Krieg, und Goldmünzen wurden nicht mehr geprägt). Da alle österreichischen Nachprägungen mehrwertsteuerpflichtig sind, eignen sie sich nur bedingt als Anlage, es sei

Schweizer Münzenpreise (in SFr.)

	Ende 1971	Ende 1972	Mitte 1973
20 Franken, Vreneli	51.—	61.—	105.—
10 Franken, Vreneli	105.—	200.—	225.—
20 Francs, Napoleon	47.—	55.50	85.—
1 Sovereign, Elizabeth	43.75	61.75	93.—
1 Sovereign alt, Kings	52.75	66.50	110.—
1 Sovereign alt, Queen	53.—	67.50	113.—
20 Dollar, Double Eagle	272.50	334.50	550.—
10 Dollar, Eagle Liberty	155.75	177.75	275.—
5 Dollar, Half Eagle Liberty	129.25	148.25	165.—

10 Dollar, Indian Head	213.50	267.—	390.—
5 Dollar, Indian Head	127.50	154.—	256.—
20 Francs, Belgien	47.—	66.—	106.—
20 Lire, Italien	57.—	77.—	135.—
10 Gulden, Holland	49.—	57.50	95.—
20 Mark, Deutschland	99.—	99.—	140.—
50 Pesos, Mexiko	250.75	327.—	485.—
100 Kronen, Österreich, neu	176.—	242.50	340.—
4 Dukaten, Österreich, neu	80.—	110.50	160.—
20 Kronen, Dänemark	100.—	152.50	320.—
2 Rand, Südafrika	54.—	63.—	120.—
1 Ounce, Krüger-Rand	180.—	250.—	350.—
5 Rubel, Nikolaus II.	25.75	40.—	63.—
10 Rubel, Nikolaus II.	60.75	81.—	145.—

Kauf und Verkauf von Münzen in der Schweiz ist umsatzsteuerfrei.

denn, man kauft sie in der Schweiz. Dort gelten sie allerdings als außerordentlich günstiger Kauf, da ihr Aufgeld gegenüber dem freien Goldpreis nach dem südafrikanischen Krüger Rand das niedrigste aller Gold-Münzen ist. Es liegt zwischen neun und elf Prozent.
Im einzelnen werden neugeprägt: *10-, 20- und 100-Kronen-Stücke,* daneben *1- und 4-Dukaten.* Der österreichische Dukat und das Zehn-Kronen-Stück sind die billigsten Goldmünzen überhaupt. Ihr Verkaufs-Preis lag Mitte 1973 bei etwa 40 bzw. 35 Mark.
Historische Goldmünzen aus Österreich (Jahreszahlen vor 1915) sind eine Anlage für Numismatiker.

4. Schweizer Goldmünzen

Die wichtigste Schweizer Goldmünze ist das außer Kurs gesetzte *20-Franken-Stück* («Croix» oder «Vreneli»). Es enthält 5,80645 Gramm Feingold. Das Vreneli kostete Mitte 1973 ca. 95 Mark, was ein Aufgeld von 50 Prozent gegenüber dem Gold-preis bedeutete. Die deutsche Mehrwertsteuer beträgt 5,5 Prozent.

Abbildung 13
Vorderseite und Rückseite der gängigsten Goldmünzen. Von links oben im Uhrzeigersinn: Zwei Rand (Süd-Afrika), 20 Schweizer Franken («Vreneli»), 20 Mark (Deutsches Reich), ein Britisches Pfund («Sovereign»), in der Mitte 20-Dollar-Stück («Double Eagle»).

Einlösung
in Frankfurt am Main, Bundesrepublik Deutschland
durch

THE BANK OF NOVA SCOTIA
TORONTO, KANADA

SAMUEL MONTAGU & CO. LTD.,
LONDON, ENGLAND

DEUTSCHE BANK
AKTIENGESELLSCHAFT

DEUTSCHE BANK AG
FRANKFURT
BUNDESREPUBLIK DEUTSCHLAND

UNION ACCEPTANCES LIMITED
JOHANNESBURG
SÜDAFRIKANISCHE UNION

Gold - Zertifikat

Menge __________ Kilogramm

Serie D Nummer 874

Die **DEUTSCHE BANK** Aktiengesellschaft verpflichtet sich hiermit, unter den auf der Rückseite dieses Zertifikats genannten Bedingungen __________ Kilogramm (das sind __________ fine ounces troy) Feingold an __________

__________, nicht an Order, gegen Rückgabe dieses Zertifikats bei ihrer Niederlassung in Frankfurt, Bundesrepublik Deutschland, zu liefern.

Wenn die Umstände es zulassen, kann dieses Zertifikat bei der genannten Niederlassung gegen ein von einer anderen der oben genannten Banken ausgestelltes Zertifikat ausgetauscht werden, in dem jene Bank sich zur Lieferung der genannten Goldmenge bei ihrer Hauptniederlassung in der genannten Stadt verpflichtet. Ein solcher Austausch wird zu den dann jeweils für die einzelnen Zertifikate geltenden Bedingungen in handelsüblicher Weise vorgenommen werden.

DEUTSCHE BANK
AKTIENGESELLSCHAFT

Frankfurt am Main, __________

BEDINGUNGEN

1. Die Verpflichtung, dem in diesem Zertifikat genannten Berechtigten Gold zu liefern, wird erfüllt,

   a) wenn dieses Zertifikat auf eine Feingoldmenge von weniger als 12,5 Kilogramm lautet: durch Auslieferung von Goldbarren beliebiger Grösse an den Berechtigten, die einen Mindestfeingoldgehalt von 995/1000 haben und zusammen die Feingoldmenge ausmachen, auf die dieses Zertifikat lautet;

   b) wenn dieses Zertifikat auf eine Feingoldmenge von 12,5 Kilogramm oder ein Mehrfaches davon lautet: durch Auslieferung von Goldbarren an den Berechtigten, von denen jeder ca. 12,5 Kilogramm mit einem Mindestfeingoldgehalt von 995/1000 enthält und die zusammen, plus oder minus 2%, die Feingoldmenge ausmachen, auf die dieses Zertifikat lautet, wobei dem Berechtigten aus diesem Zertifikat die Differenz zwischen der hiernach gelieferten Feingoldmenge und der Feingoldmenge, auf die dieses Zertifikat lautet, auf der Basis von US-$35.00 pro Unze Feingold vergütet oder in Rechnung gestellt wird.

2. Wünscht der in diesem Zertifikat genannte Berechtigte Auslieferung des Goldes an eine andere Person, so muss der nachstehende unwiderrufliche Auftrag von ihm oder, wenn zwei oder mehrere Berechtigte genannt sind und auf der Vorderseite dieses Zertifikats nicht bestimmt ist, dass das Gold an die Berechtigten gemeinschaftlich auszuliefern ist, von einem der Berechtigten ausgefüllt und unterzeichnet werden. Unter der Voraussetzung der Legitimation, die von der Ausstellerin gefordert werden mag, wird das Gold auftragsgemäss ausgeliefert werden und kein anderer Auftrag, der von dem im Zertifikat genannten Berechtigten oder, wenn es zwei oder mehrere Berechtigte sind, von einem der Berechtigten eingeht, wird Beachtung finden. Die in dem Auftrag genannte Person kann selbst keine weiteren Aufträge geben; sie kann jedoch die Ausstellung eines neuen Zertifikats auf ihren Namen fordern und unter der Voraussetzung der Legitimation, die von der Ausstellerin gefordert werden mag, wird daraufhin ein neues Zertifikat ausgestellt werden. Jedwede Übertragung und Abtretung der Rechte aus diesem Zertifikat ist ausgeschlossen.

3. Bei Auslieferung des Goldes ist die nachstehende Empfangsquittung auszufüllen und zu unterschreiben. Ist das Gold an zwei oder mehrere Personen auszuliefern und ist auf der Vorderseite dieses Zertifikats oder in dem unwiderruflichen Auftrag nicht bestimmt, dass das Gold an sie gemeinschaftlich auszuliefern ist, so kann jede dieser Personen dieses Zertifikat durch Ausstellung der Empfangsquittung einlösen.

4. Aus diesem Zertifikat ist nur die Deutsche Bank Aktiengesellschaft zur Lieferung von Gold verpflichtet; die Bank of Nova Scotia, die Samuel Montagu & Co. Ltd. und die Union Acceptances Ltd. haften daraus nicht.

UNWIDERRUFLICHER AUFTRAG

An
Deutsche Bank Aktiengesellschaft
Frankfurt am Main

Bitte liefern Sie das hierin angegebene Gold an

____

____

Datum ____________________ ____________________

EMPFANGSQUITTUNG

Der ordnungsgemässe, mit den Bedingungen dieses Goldzertifikats übereinstimmende Empfang des dem in diesem Zertifikat genannten Berechtigten zustehenden Goldes wird hiermit bestätigt.

Datum ____________________ ____________________

Vrenelis, die vor 1934 gemünzt wurden, gelten in den USA als «numismatische» Stücke und dürfen von dort ansässigen Staatsbürgern frei erworben werden. Sie dürften daher eine etwas günstigere Anlage darstellen als die Vreneli, die später als 1934 von der Schweizer Münzanstalt ausgebracht wurden.
Vreneli sind in der Bundesrepublik mehrwertsteuerpflichtig und daher in größeren Mengen nur zum Kauf in der Schweiz geeignet, wo sie auch ihren breitesten Markt haben.
Außer dem 20-Franken-Vreneli gibt es noch ein 10-Franken-Vreneli, das jedoch bereits als rein numismatische Anlage angesehen werden muß. Sein Aufgeld beträgt mehrere hundert Prozent.
Von beiden Vrenelis gibt es ausgezeichnete Nachprägungen aus der privaten Münze in Beirut.

5. Britische Goldmünzen

a) 1-Pfund-Münze («Sovereign alt»). Bis 1933 wurden Sovereigns mit den Bildern dreier Souveräne geprägt. Von Königin Victoria, König Edward VII. und König Georg V. Alle diese

Abbildung 14
Goldzertifikate (Vorder- und Rückseite).

Sovereigns enthalten 7,32238 Gramm Gold. Ihr Preis lag Mitte 1973 bei 95 Mark. Ihr Aufgeld betrug also 30 Prozent.
Leider gibt es inzwischen eine Reihe vorzüglicher Nachprägungen, was die Freude am Besitz dieser (mehrwertsteuerfreien) Münzen beeinträchtigt. Da die alten Sovereigns von amerikanischen Staatsbürgern ohne Einschränkungen erworben (nicht eingeführt!) werden dürfen, haben einige US-Banken wie z. B. die National Republican Bank in New York versiegelte Pakete mit 1000 Sovereigns in Umlauf gebracht. Der Wert dieser Pakete liegt bei knapp 100 000 Mark.
b) *1-Pfund-Münze* (Sovereign «Queen Elizabeth II»). Diese Goldmünze wurde in Abständen seit 1957 geschlagen. Der Preis liegt um etwa zehn Prozent unter den Preisen der historischen Sovereign-Münzen. Ihr Feingehalt und Goldwert ist indes genau derselbe. Weil auch die Elisabeth-Sovereigns mehrwertsteuerfrei sind, eignen sie sich sehr gut auch in der Bundesrepublik als Anlageform für den Goldfreund.

6. Französische Goldmünzen

Das französische *20-Franken-Stück* («Napoleon») ist das Goldstück mit der längsten durchgehenden Prägezeit der Weltgeschichte. Der Napoleon wurde zwischen 1803 und 1914 gemünzt, in jenen glücklichen 111 Jahren also, in denen Frankreich allerlei Kriege und Krisen erleben mußte, jedoch nie eine schwere Inflation. Auf den meisten gehandelten Münzen (bis 1870) ist der Kopf von Kaiser Napoleon III. abgebildet. Spätere Stücke zeigen den gallischen Hahn. Der Preis der Napoleons wird offiziell an der Pariser Börse notiert. Der Anleger hat daher die Gewähr einer äußerst korrekten Preisbildung auf einem absolut neutralen Markt. Der Preis für den Napoleon lag Mitte 1973 bei 77 Mark. Das ergab ein Aufgeld von ungefähr 30 Prozent gegenüber dem Barrengold.

Der Napoleon ist in der Bundesrepublik leider mehrwertsteuerpflichtig. Die französische Regierung hat seit 1951 mit Neuprägungen begonnen, die jedoch Jahreszahlen aus der Zeit von 1914 tragen, so daß niemand so recht unterscheiden kann, ob es sich um «Originale» oder «Nachprägungen» handelt. Das spielt im übrigen auch kaum eine Rolle, da beide Stücke absolut gleichwertig in Goldgehalt und Prägequalität sind.

Der Napoleon ist das monetäre Ruhekissen fast aller französischen Familien. Keine der geprägten Münzen ist je zwangsweise eingezogen worden, alle seit 1803 geprägten 20-Franc-Stücke sind also noch de facto im Umlauf, sprich: sie lagern in Safes oder Matratzen. Zahlreiche ebenfalls gleichwertige Nachprägungen privater Münzen, vor allem aus dem Libanon, sind bekannt, haben den Markt jedoch nicht zu stören vermocht.

7. Mexikanische Goldmünzen

Die mexikanischen Goldmünzen sind vor allem in den südlichen Staaten der USA als Anlage beliebt, da sie dort als einziger echter Schutz («Hedge») gegen die von Washington betriebene Inflation gelten.

a) Die wichtigste Mexiko-Goldmünze ist das *50-Peso-Stück.* Es wird auch «Centenario» genannt. Der 50-Peso wird seit 1921 geprägt. (1821 hatte der Kreole Iturbide die konstitutionelle Regierung für Mexiko ausgerufen und sich wenig später als Augustin I. zum Kaiser krönen lassen.) Der Centenario hat 37,5 Gramm Feingold. Er kostete Mitte 1973 440 Mark, was ein Aufgeld von etwa 18 Prozent bedeutet.

Wegen der amerikanischen Gesetzgebung, die nur den privaten Besitz von Goldmünzen erlaubt, die vor 1934 geschlagen wurden, heißen die alten Centenarios «Antiguos», die nach 1933 gemünzten «Nuevos». Franz Pick weist darauf hin, daß es auch von den 50-Peso-Stücken «exzellente Nachprägungen libanesischen Ursprungs» gibt.

b) Außerdem gibt es noch kleinere mexikanische Münzen, die *20-Gold-Pesos* («Azteca») und *10-Gold-Pesos* («Hidalgo») sowie drei weitere kleinere Prägungen, die jedoch mangels Vermarktungs-Chancen nicht als ernsthafte Anlage in Frage kommen. Die mexikanischen Pesos sind allesamt in der Bundesrepublik mehrwertsteuerpflichtig.

8. Südafrikanische Goldmünzen

Das größte Gold-Exportland der Erde hat keinen eigenen Goldmarkt von Bedeutung. Die gesamte südafrikanische Goldproduktion wird über die eingespielten Handelszentren London und Zürich abgesetzt. Südafrika hat jedoch zwei bedeutende Arten von Goldmünzen anzubieten:

a) *2 Südafrikanische Rand.* Diese Münze ist nominell gesetzliches Zahlungsmittel der Südafrikanischen Union. Es kostete Mitte 1973 rund 93 Mark. Was einen Aufpreis gegenüber dem Goldpreis von 30 Prozent bedeutet.

b) Die viel wichtigere südafrikanische Münze, sozusagen das Gold-Stück an sich, ist jedoch der *Krüger Rand.* Diese Münze (hauptsächlich mit den Jahreszahlen 1967/69 und 1971) entspricht in ihrem Feingehalt genau einer Unze Feingold, also 31,1 Gramm. Sie ist in Wirklichkeit also ein Barren im Gewicht von einer Unze, wie die oben besprochenen «Waffeln», nur eben in runder, gemünzter Form.

Der Name der Münze leitet sich her von Paul «Ohm» Krüger, dem südafrikanischen Nationalhelden, dem letzten Präsidenten von Transvaal vor der Besetzung durch die Engländer. Der Krüger Rand ist die beliebteste Goldmünze in der Bundesrepublik. Von 1,3 Millionen Stück waren 1,1 Millionen in der Bundesrepublik verkauft worden. Ihr Preis lag Mitte 1973 bei 365 Mark. Ihr Aufgeld hat selten mehr als 15 Prozent gegenüber dem reinen Goldpreis betragen. Die

Differenz zwischen An- und Verkauf am Schalter liegt beim Krüger Rand ebenfalls denkbar günstig: äußerstenfalls fünf Prozent. Der Käufer liegt also schnell im Plus.
Läßt man numismatische Aspekte unberücksichtigt, kann der Krüger Rand als die beste Anlage in Goldmünzen überhaupt bezeichnet werden. Der Preis des Krüger Rand entwickelt sich ganz genau entsprechend dem in London und Zürich für eine Feinunze notierten Goldpreis.
Der Krüger Rand von 1967 bis 1969 liegt überdies in einer numismatisch besonders gefälligen Ausführung vor, mit «polierter Platte».

9. Sonstige Goldmünzen

Von den mehrwertsteuerfreien Münzen sind noch von Bedeutung: a) das belgische *20-Franken-Stück.* Preis Ende Mai 1973 etwa 85 Mark.
b) Die *20-Dänen-Krone.* Preis Ende Mai 1973: 235 Mark.
Beide Stücke haben in der Bundesrepublik einen gewissen Markt. Auch in der Schweiz sind diese Münzen grundsätzlich jederzeit veräußerbar.
Außerdem haben noch diese Staaten der Gegenwart und Vergangenheit Goldmünzen ausgebracht: Albanien, Äthiopien, Bolivien, Chile (100-Peso-Stück, besonders rar, seit es unter dem Sozialisten Allende nicht mehr geprägt wurde), Griechenland, Haiti, Indien, Iran, Israel, Italien, Katanga, Kolumbien, Kuba, Niederlande, Norwegen, Peru, Rußland (Kaiserreich!), Saudi-

Arabien, Serbien, Spanien, Tschechoslowakei, Tunesien, Türkei, Ungarn und Zaire (ehem. Kongo-Kinshasa).

Das Risiko beim Kauf dieser Münzen ist freilich nicht unbedeutend:

- Es gibt zahlreiche untergewichtige Münzen, sogar Stücke, die am Rand beschnitten sind.
- Es existieren zahlreiche Nachprägungen.
- Es gibt nur wenig Märkte, auf denen die nicht so gängigen Goldmünzen verkauft werden können.
- Die Differenz zwischen Ankaufs- und Verkaufspreis liegt wegen der Unübersichtlichkeit und dem Risiko der Geschäfte mit den sekundären Münzen oft bei 25 und 30 Prozent. Es dauert also relativ lang, bis man mit Gewinn wieder verkaufen kann.

Vorteile von Goldmünzen

Goldmünzen schwanken nur selten im Preis. Selbst in dem ausgesprochenen Baisse-Jahr 1970/71, als Gold und Goldmünzen für den auf schnellen Gewinn erpichten Spekulanten eine wenig erfreuliche Anlage waren, gaben die wichtigsten Stücke nur um fünf, höchstens zehn Prozent nach. Der Preisspielraum nach unten ist auch in Zukunft sehr begrenzt. Regelrechte Preis-Einbrüche sind auf keinen Fall zu befürchten. Selbst wenn die Notenbanken versuchen wollten, den Goldmarkt durch massierte Goldverkäufe zum vorübergehenden Zusammenbruch zu zwingen, würde das den Preis von Goldmünzen nur ganz unwesentlich beeinflussen. Wenn die Staatsbanken Barrengold verkaufen, bedeutet das ja nicht, daß gleichzeitig auch die Münzfreunde in aller Welt ihre Sammlungen unters Volk streuen. Amtlich geprägte Münzen weichen nur ganz unmerklich vom vorgeschriebenen Gewicht und Feingehalt ab. Der Goldmünzen-Freund hat also stets erstklassige Ware zur Hand.

Außerdem gibt es natürlich Goldmünzen in plombierten Beuteln. Am gebräuchlichsten sind Beutel mit 1000 britischen Sovereigns und Beutel mit 100 Double Eagles. Die Beutel sind ebenfalls absolut zuverlässige Wertaufbewahrungsmittel. Man kauft sie per Kassa oder auf Termin (siehe unter «Gold Futures») bei Londoner Goldhändlern, Schweizer Banken oder auch Banken in New York, wo allerdings ein geringes Aufgeld gegenüber Europa zu beobachten ist. Der Kassa-Preis für Gold-Beutel (die natürlich in jeder gewünschten Menge hergerichtet werden können) richtet sich nach den Kassa-Preisen der jeweils im Beutel enthaltenen Münzen. In Zeiten lahmen Geschäftes ist der Kauf von Goldmünzen im Beutel relativ günstiger als der Kauf einzelner Stücke. Herrscht eine starke Nachfrage nach Goldmünzen vor, kann bei Beuteln ein kleines Aufgeld entstehen.

Nachteile von Goldmünzen

Der größte Nachteil bei einer Kapitalanlage in Goldmünzen ist die mangelnde Fungibilität der Stücke. Fungibilität bedeutet: absolute Gleichheit und daher Austauschbarkeit aller auf dem Markt gehandelten Einheiten.

Eine Aktie kann man jeden Tag verkaufen, ebenso eine Obligation und natürlich einen Goldbarren. Für Goldmünzen gibt es dagegen keine solchen funktionierenden Märkte, Paris vielleicht ausgenommen, wo der Preis des Napoleon d'or an der Börse amtlich notiert wird.

Jedes Geschäft mit Goldmünzen bringt – vor allem bei exotischen Einzelstücken – immer einen ganz bestimmten Käufer und einen ganz bestimmten Verkäufer zusammen, die sich erst detailliert über die Sache verständigen müssen, die es zu handeln gilt.

Auch dürfte es nicht einfach sein, größere Sammlungen von einem Tag auf den anderen zu verkaufen, wie es bei Goldbarren ohne weiteres möglich ist.

Ein weiterer Nachteil der Goldmünze ist die Gefahr der Nach- oder Neuprägung. Offizielle Neuprägungen wie im Falle Österreichs haben inzwischen längst ihren eigenen Markt gefunden. Inoffizielle Neuprägungen aus privaten Münzen machen jedoch dem Goldmünzen-Freund einiges Kopfzerbrechen. Private Münzanstalten gibt oder gab es in der Bundesrepublik

Deutschland, in Italien, in Indien und im Libanon. Die bedeutendste Anstalt ist die private Münze in Beirut, die – nach Schätzungen von Franz Pick – bis zu 20 000 Goldmünzen pro Tag schlagen kann.
Bei den Nachprägungen sind solche mit zu hohem und solche mit zu niedrigem Goldgehalt zu unterscheiden. Überhaltig brachten private Münzanstalten in der Bundesrepublik Deutschland und in Italien ihre Münzen heraus. Sie entgingen damit jedem Vorwurf amtlicher Stellen, hier würden Münzen «gefälscht»: die nachgeprägten Stücke waren vom Goldgehalt her gesehen wertvoller als die Originale.
Die Übergewichts-Technik wurde indes inzwischen aufgegeben. Mit dem scharfen Anstieg des Goldpreises setzten viele private Münzen den Goldgehalt ihrer Stücke herab. Während die Originale 22 Karat Goldgehalt aufwiesen, wurden neue Stücke mit 14 und sogar 10 Karat nachgeprägt. Vor allem die Libanesen haben sich mit dem Untergewicht einen Namen gemacht. Ihre Spezialität sind untergewichtig ausgebrachte Münzen britischen, französischen, italienischen, mexikanischen, kaiserlich-russischen und amerikanischen Original-Gepräges. Franz Pick schätzt, daß sich viele der minderwertigen Nachprägungen bereits in sämtliche wichtigen Goldmärkte eingeschlichen haben.

3. Gold-Staub

Der Goldstaub ist eine vorwiegend US-amerikanische Anlagespezialität. Es handelt sich um Gold in seinem natürlichen Zustand, wie es – als «Nugget» u.ä. – aus den Flüssen und Minen im westlichen Teil der Vereinigten Staaten gewaschen und gewonnen wird.

Goldstaub ist in den USA beliebt, weil er vom allgemeinen Goldbesitz-Verbot ausgenommen ist. Barren, Münzen (nach 1934), Gold Futures: das alles darf der US-Bürger nicht besitzen. Gold aber, das er sich aus abgelegenen Flußbetten klaubt, darf er behalten, offenbar als letzte Erinnerung an die große Zeit Amerikas, da der freie Mann sich einen Claim absteckte und mit etwas Glück zu einem Vermögen kommen konnte.

Der Goldgehalt des Goldstaubs schwankt zwischen 700/1000 und 900/1000 fein. Einige geschickte Geschäftsleute haben Goldstaub in Säckchen zu 10, 100 und 250 Unzen abgepackt (zwischen 310 und 7750 Gramm). In einigen Fällen werden ein bestimmter Goldgehalt und ein bestimmtes Gold-Nettogewicht sogar garantiert. Die Säckchen sind dann versiegelt. Ende Februar 1973 lag der Preis für Goldstaub bei 78 bis 82 Dollar je Feinunze. Der Preis für Barrengold lag zur selben Zeit bei 85,75 Dollar je Unze fein.

Als Märkte für Goldstaub gelten vor allem die ehemaligen Minenstädte in Kalifornien, Colorado, New Mexico, Nevada und Utah.

Vorteile des Goldstaubs

Der Goldstaub ist eine Form der Wertaufbewahrung in Gold wie jede andere auch: Geht der Barrengold-Preis nach oben, zieht der Preis für Goldstaub automatisch nach.

Nachteile des Goldstaubs

An erster Stelle ist das Problem zu nennen, den wahren Goldgehalt der Stücke herauszufinden. Nuggets, die als 800/1000 fein angeboten wurden, stellen sich später als 700/1000 fein heraus. Der Goldstaub eignet sich ernsthaft nur für Amerikaner als Anlage, die keine Verbindung zu freien Goldmärkten haben oder davor zurückscheuen, sich illegal Barren oder Münzen zu beschaffen.

Europäer sollten sich höchstens bei einer Reise in die genannten US-Staaten ein Säckchen Goldstaub als Ergänzung ihrer übrigen Goldbestände zulegen.

4. *Gold-Schmuck*

Der Gold-Schmuck ist die am weitesten verbreitete Gebrauchsform für Gold. Mindestens 50 Prozent der jährlichen Goldgewinnung geht an die Goldschmuck-Industrie. Jeder kennt goldene Ringe, Uhren, Arm- und Halsbänder, Türgriffe, Bestecke und Badezimmerhahnen.

Gold-Schmuck enthält nur selten mehr als 750/1000 Gold fein (also 18 Karat). Goldschmuck wird üblicherweise sogar nur aus 14-karätigem Gold hergestellt, was einem Feingehalt von 583/1000 entspricht.
Seit dem scharfen Anstieg des Goldpreises im Jahre 1972/73 sind die Juweliere überall auf der Welt dazu übergegangen, den Goldgehalt der von ihnen hergestellten Pretiosen noch weiter zu senken.
Beim Kauf von Gold-Schmuck in jeglicher Form bezahlt der Käufer mehr für die Arbeit, das heißt die Verarbeitung von Gold, als für das Gold selbst. Wer seine Goldschmuck-Schätze in Notzeiten verkaufen muß, kann die Richtigkeit dieses Satzes leicht nachprüfen. Im gewöhnlichen Fall wird nur der reine Goldgehalt vergütet. Gold-Schmuck ist daher ausschließlich eine Sache für Verliebte, alternde Ehepaare oder sonst fürs Auge. Gold-Schmuck als Schutz gegen die weltweite Inflation und andere monetäre Chaos-Trends ist völlig ungeeignet. Wer sein Geld dennoch unbedingt in Goldschmuck anlegen will, sollte seiner Frau oder Freundin einen kleinen Goldbarren schenken, beim Juwelier eine Öse anlöten lassen und ein Lederbändchen durchziehen. Eine wertbeständigere Aufmerksamkeit gibt es nicht. Und snobby ist es obendrein. (Kenner nehmen Mini-Goldbarren nur mit dem Stempel einer besonders exklusiven Bank, etwa der Banque Rothschild Paris.)

Goldmarken sind eine Spezialität, die sich in regelmäßigen Abständen clevere Briefmarkenagenten unterentwickelter Überseestaaten einfallen lassen. Zum Beispiel waren die Olympischen Spiele des Jahres 1972 ein willkommener Anlaß für einen Herausgeber namens «Äquatorial-Afrika» (der nichts mit der gleichnamigen Republik gemeinsam hat), mehrere Serien goldener Briefmarken herauszugeben. Der Nennwert lag angeblich bei 25 Mark. Jede der beiden Goldmarken besaß einen Goldgehalt von 0,6 Gramm, was 1972 einem Wert von wenig mehr als vier Mark entsprochen hatte. Der Verkaufspreis für die Marken lag jedoch bei 292,50 Mark. Nach Angaben des renommierten Briefmarken-Kenners und Sachbuch-Verlegers Dr. Heinrich Wittmann in München hatten von der Existenz dieser Marken weder der Weltpostverein Kenntnis noch die Postämter in Äquatorial-Afrika. Auf echt gelaufener Post dürften die Goldmarken ebensowenig zu finden sein.
Neben solchen in regelmäßigen Abständen auftauchenden Goldmarken werden häufig Gold-Medaillen angeboten, vor allem in Form sogenannter «Gedenk-Münzen» (Mondflug, Willy Brandt usw.). Auch Goldmedaillen sind keine ernsthafte Geldanlage. Einmal liegt der Verkaufspreis unverhältnismäßig hoch über

dem Wert des Goldgehaltes (Aufschläge von mehreren hundert Prozent können beobachtet werden). Zum zweiten findet sich fast nie ein Käufer, wenn man sich von diesen Medaillen wieder trennen möchte.

II. PAPIERGOLD

Das Papiergold ist in zwei Gruppen einzuteilen: das «echte» Papiergold und das «sogenannte» Papiergold.

Echtes Papiergold sind Zahlungsversprechen über echtes Gold. In Wirklichkeit wird also Gold in Form von Barren oder Münzen gehandelt, nur daß der Handel nicht in effektiven Stücken erfolgt, sondern auf dem Papier festgehalten wird. Echtes Papiergold verhält sich also zu echtem Gold wie ein Scheck zum Bargeld.

Sogenanntes Papiergold ist eine Erfindung der Notenbanken, die im Internationalen Währungsfonds zusammengeschlossen sind. Die Notenbanken haben ein Kunstgeld geschaffen, das inoffiziell den Namen «Papiergold» trägt. Dieses Kunstgeld sind die «Sonderziehungsrechte» (SZR, englisch Special Drawing Rights, SDR). Mit Hilfe von Sonderziehungsrechten, die von den Notenbanken durch einen einfachen Buchungsvorgang geschaffen werden, können die Staaten mit Devisenmangel in anderen Ländern einkaufen, ohne Gold, Dollars, D-Mark oder andere konvertierbare Währungen zu besitzen. Früher konnte man natürlich nur mit Gold bezahlen, wenn man in einem fremden Land einkaufen wollte, dessen Landeswährung man nicht besaß. Und weil es mit den SZR ebenso geht, hat man sie «Papiergold» genannt.

1. *Gold-Zertifikate*

Gold-Zertifikate sind das Versprechen, Gold aufzubewahren und gegen Vorzeigen des Zertifikats auszuliefern. Gold-Zertifikate sind also genau dasselbe, was in der Zeit der Goldwährung die Banknoten waren: Zahlungsversprechen über eine bestimmte Menge Edelmetall. Wer die Banknote präsentierte, bekam den Gegenwert in «bar», das heißt in Goldbarren ausbezahlt.
Historisch sind die Banknoten aus den englischen «Goldsmith Notes» entstanden. Als der englische Staat gegen Ende des 16. Jahrhunderts in Geldverlegenheit geraten war, lieh er sich bei den Goldschmieden Londons Barrengold. Die Goldschmiede erhielten als Gegenwert die «Goldsmith Notes», die großes Vertrauen genossen, da die englische Krone der Schuldner war und außer in Spanien und dem Deutschen Reich bis dahin noch keine Staatsbankrotte zu beobachten waren. Aus den Goldsmith Notes wurden nach 1696 die Banknoten der Bank of England.

Die englischen Banknoten dienten als Vorbild für die Banknoten aller später gegründeten Notenbanken.

Versprechen, gegen Vorzeigen von Papier («auf Sicht») eine bestimmte Menge Gold ausgeliefert zu bekommen, Goldzertifikate also, werden von verschiedenen Banken des In- und Auslandes verkauft. Gold-Zertifikate kosten grundsätzlich genauso viel wie die Goldbarren, um die es bei dem Versprechen geht.

Das beste und sicherste Gold-Zertifikat wird von einer internationalen Vierer-Gruppe ausgestellt. Dazu gehören: Die Deutsche Bank AG (Hauptsitz: Frankfurt am Main), die Bank of Nova Scotia in Toronto, der bereits bekannte Goldhändler Samuel Montagu & Co. Ltd. in London und die Union Acceptances Limited in Johannesburg (Südafrika).

Auf den von diesen allerersten Adressen ausgelieferten Gold-Zertifikaten sind die vier Institute gemeinsam verzeichnet, wie die Abbildung zeigt. Auf der Rückseite des Gold-Zertifikates, wie man es bei der Deutschen Bank AG und jeder ihrer über 1000 Geschäftstellen erwerben kann, ist alles Wissenswerte über den Charakter des Gold-Zertifikats enthalten. (Die Bank of Nova Scotia hat über 800 Geschäftstellen in Kanada und mehr als 80 Filialen überall in der westlichen Welt.)

Gold-Zertifikate werden über Goldmengen von 20 Unzen (ca. 622 Gramm) oder einem Vielfa-

chen davon ausgestellt. Oder über ein Kilogramm Gold (1000 Gramm) oder einem Vielfachen davon. Der Feingehalt des zur Lieferung versprochenen Goldes liegt bei mindestens 995/1000, also dem Feingehalt des 12,5-Kilo-Barrens. Gold-Zertifikate können jeden Tag während der Geschäftszeit bei einer der ausstellenden Banken in Gold oder Bargeld eingetauscht werden. Der Eintausch selbst ist kostenfrei. Es gilt der Goldpreis, wie er am Eintauschtag bei den Preisfixings in London, Zürich oder Frankfurt festgestellt wurde. Statt Landeswährung kann auch jede andere beliebige konvertierbare Währung verlangt werden. Selbstverständlich können auch Gold-Zertifikate selbst an andere Interessenten verkauft werden.
Beim Kauf der Zertifikate wird bei kleineren Mengen Gold eine Gebühr verlangt. Sie liegt bei Zertifikaten, die über eine Goldmenge im Gegenwert von 50 000 Dollar ausgestellt werden, bei 0,08 Dollar pro Unze. Bis zu Gold im Gegenwert von 100 000 Dollar wird eine Gebühr von 0,04 Dollar (4 Cent) je Unze verlangt. Ab 100 000 Dollar oder dem entsprechenden Gegenwert ist die Ausstellung des Gold-Zertifikates kostenfrei. Man bezahlt nur den am Tage geltenden Gold-Preis.

Vorteile von Gold-Zertifikaten

Der Kauf von Gold-Zertifikaten bringt die nämlichen Vorteile wie der Kauf von Gold. Da es sich jedoch um banknotengroße Papiere handelt, fallen die Aufbewahrungskosten weg, die bei Goldbarren entstehen.
Gold-Zertifikate können ziemlich hoch beliehen werden. Die Deutsche Bank, die Bank of Nova Scotia und praktisch jedes andere renommierte Institut beleihen Gold-Zertifikate mindestens bis zu 70 Prozent des Gegenwertes der Goldmenge, die auf dem Zertifikat vermerkt ist. Das Gold-Zertifikat muß dann bei der betreffenden Bank hinterlegt werden. Wer 100 000 Mark in Goldzertifikaten anlegen will, kann über 330 000 Mark in Gold investieren. Steigt der Goldpreis um zehn Prozent, liegt der Profit bei 33 000 Mark, was für das eingesetzte Kapital eine Verzinsung von 33 Prozent bedeutet. Der Goldkauf auf Kredit hat sich in den vergangenen drei Jahren immer als eine vortreffliche Anlage erwiesen, ungeachtet der teilweise sehr hohen Kreditkosten (in der Bundesrepublik Deutschland von über 12 Prozent p. a.).

Nachteile von Gold-Zertifikaten

Gold-Zertifikate können nicht an jedermann verkauft werden. In Großbritannien zum Beispiel nur an Nonresidents, da Engländer vom legalen Golderwerb ausgeschlossen sind. Im Gegensatz zum Goldbarren findet das Gold-Zertifikat nirgendwo einen Schwarzen Markt. Wer schon das Risiko eingeht, wegen illegalen Goldbesitzes erschossen zu werden (wie es in der Sowjetunion vorkommen kann), der möchte dann wenigstens einen echten Goldbarren in der Hand gehabt haben und nicht ein von fernen Banken ausgestelltes Zahlungsversprechen. Gold-Zertifikate sind daher nicht so international wie der Gold-Barren.

Andererseits trägt das Zertifikat alle Nachteile des Barrens, wie sie oben schon erwähnt wurden. Vor allem bringt es keine Zinsen. Rührt sich der Goldpreis nicht von der Stelle, ist auch am Zertifikat keine müde Mark zu verdienen.

Franz Pick weist auf einen weiteren Nachteil hin, dem Beachtung zu schenken ist. Die Kanadier (und ebensogut auch die bundesdeutsche Regierung) könnten unter amerikanischem Druck plötzlich die Einlösung von Gold-Zertifikaten verbieten. Gold-Zertifikate würden dann nur noch zu einem bestimmten behördlich vorgeschriebenen Preis von den Aussteller-Banken eingelöst werden. Ohne die Einlösemöglichkeit ist das Gold-Zertifikat genauso wertlos wie das derzeit umlaufende Papiergeld. Da jedoch auch eine südafrikanische Adresse den Umtausch in Barrengold garantiert, ist das Risiko ziemlich unbedeutend. Keine südafrikanische Regierung würde jemals gesetzliche Schritte zur Diskriminierung von Gold (und Gold-Zertifikaten) unternehmen. Genausogut könnten die Ölscheiche den Verkauf von Öl und die deutsche Regierung den Verkauf von Maschinen und Autos verbieten.

Gold-Zertifikate können – wie gesagt – nur an bestimmten Plätzen wieder verkauft werden. Das bedeutet: Es können Transfer-Probleme entstehen. Zum Beispiel könnten die Heimatländer der vier erwähnten Banken den Umtausch ihrer Währung in fremde Valuta verbieten. Da die Gold-Zertifikate jedoch oft gegen Valuta eingetauscht werden sollen, müßte der Anleger mit kanadischen Dollars, D-Mark, englischen Pfunden oder südafrikanischen Rands zufrieden sein oder seinen Wohnsitz in die entsprechenden Länder verlegen, um den Gegenwert seiner Zertifikate zu verzehren. Allerdings kann man beim Verkauf seines Zertifikats die Auslieferung von Barrengold verlangen oder sogar die Verschiffung von Barrengold (gegen Aufgeld) an jeden beliebigen Platz der Erde, wo man das Gold dann möglicherweise in transferierbare Valuta tauschen kann.

Ein weiterer Nachteil von Gold-Zertifikaten ist ihr papierener Charakter: Geht ein Zertifikat verloren, durch Diebstahl oder Brand, ist es kaum möglich, ein Ersatz-Zertifikat zu bekommen. Hier helfen nur entsprechende Absprachen und Absicherungen mit der jeweiligen Bank, mit der man zusammenarbeitet. Gold-Zertifikate werden am besten (wie auch Barrengold) in Zürcher, Genfer oder Basler Tresoren aufbewahrt.

Wichtig:
Deutsche Kapitalisten, die ihr Geld via Gold in Sicherheit bringen wollen, müssen beim Kauf von Gold-Zertifikaten keine Mehrwertsteuer bezahlen. Es wird ja nicht Gold gekauft (was mehrwertsteuerpflichtig ist), sondern ein Versprechen auf Auslieferung von Gold. Mehrwertsteuer fällt erst an, wenn man sich den Goldbarren ausliefern läßt. Wird das Gold-Zertifikat wieder in Landeswährung umgetauscht, fällt keine Mehrwertsteuer an.
Apropos Steuern: Der Gewinn, der bei einer Investition in Gold-Zertifikaten entsteht, ist steuerfrei. In der Bundesrepublik Deutschland muß der Gewinn nur angegeben werden, wenn sich die Anlage von Geld in Gold-Zertifikaten als «Spekulationsgeschäft» nachweisen läßt. Als Spekulationsgeschäfte gelten Geschäfte mit Wertpapieren u. ä., bei denen die Zeitspanne zwischen An- und Verkauf kürzer ist als ein halbes Jahr.

2. *Gold Futures*

«Gold Futures» sind Termingeschäfte in Goldbarren. Termingeschäft bedeutet: Der Anleger kauft Gold, das erst nach einer bestimmten Zeit (drei, sechs, neun, zwölf Monate) geliefert werden muß. Ist der Goldpreis in der Zwischenzeit gestiegen, kann man das Metall zu einem entsprechend höheren Kassa- (oder «spot»)-Preis wieder verkaufen. Der Profit des Anlegers ist die Differenz zwischen dem ursprünglich vereinbarten Preis bei Lieferung auf Termin und dem am Termin tatsächlich bestehenden Preis. Termin-Kontrakte, die auf bestimmte Daten lauten, können auch in der Zwischenzeit jederzeit wieder verkauft werden.

Die wichtigsten Rohstoffe der Welt werden grundsätzlich nur per Termin gekauft, vom Weizen über den Kaffee bis zu Sojaschrot und Schweinebäuchen. Der Sinn des Termingeschäfts: Man weiß ganz genau, was man für eine Ware bezahlt hat. Unliebsame Überraschungen am Liefertag finden nicht statt: zum einmal bezahlten Preis muß geliefert und abgenommen werden.

Gold Futures sind vor allem in den letzten Jahren immer beliebter geworden. Am Markt halten sich jedoch weniger Goldverarbeiter oder Juweliere auf, die vor überraschenden Goldpreis-Sprüngen sicher sein wollen, als vielmehr international erfahrene Spekulanten, die aus dem Anstieg des Goldpreises ebenso leichtes und schnelles Geld machen wollen wie andere Spieler beim Kauf und Verkauf von Aktien oder Rohstoffen auf Termin. Franz Pick, der Altmeister, schätzt, daß während der Zeiten der beiden

Dollar-Abwertungen (18. Dezember 1971 und 13. Februar 1973) in London, Zürich, Genf, Paris und Singapur für eine bis anderthalb Milliarden Dollar Gold auf Termin gehandelt wurde. Alle diese Termingeschäfte konnten in der Zwischenzeit mit bemerkenswertem Profit glattgestellt werden. Wer zum Zeitpunkt der zweiten Dollarabwertung ins Gold per Termin gestiegen war, hatte vier Monate später seine Kontrakte mit vielen hundert Prozent Gewinn wieder veräußern können.

Ein Beispiel: Kauf von Gold per Termin im Februar 1973 auf der Basis von 90 Dollar. Verkauf im Juni 1973 bei 120 Dollar je Unze Feingold. Umfang des Kontrakts: 400 Unzen. Einschuß bzw. benötigte Bargeldmenge: 4000 Dollar bzw. 12 600 Mark (zur alten Parität von 3,15 DM = ein US-Dollar). Pro Unze wurden 30 Dollar verdient, insgesamt 12 000 Dollar oder 31 200 Mark (zur Juni-Parität von 2,60 DM = ein US-Dollar). Der Profit auf das eingesetzte Kapital lag bei fast 250 Prozent. Wer noch günstigere Gold- und Dollarpreise erwischte (in dem Beispiel wurde der ungünstigste Fall angenommen), konnte sein Geld noch erheblich schneller mehren.

Eine Umfrage bei amerikanischen Brokern, die Gold Futures für ihre Klienten abgeschlossen hatten, gibt folgendes Bild: Zwischen Januar und Juni 1973 wurden mit deutschen und Schweizer Kunden mindestens 10 000 Termin-Kontrakte in aller Welt abgeschlossen. Das eingesetzte Kapital lag bei 40 Millionen Dollar. Mit Hilfe der 40 Millionen Dollar wurden mindestens 70 Millionen Dollar «verdient». Eine ganz neue Schicht von Neureichen ist dabei entstanden. Von Leuten, die sich nicht über ihre Geschäfte unterhalten wie nervöse Aktienspieler.

Wer mit Gold sein Vermögen gemacht hat, sagt nur einfach: «Ach ja, Gold? Wie interessant.» Und schweigt.

Gold Futures kann nur erwerben, wer sich einer ausländischen Bank-Adresse bedient. Deutsche Banken vermitteln Termingeschäfte mit dem gelben Metall nur in seltenen Fällen für gute Kunden. Man muß einfach darauf bestehen – oder sich ein Konto bei einer ausländischen Bank (im Ausland oder auch in Frankfurt) oder einem amerikanischen Broker in der Bundesrepublik einrichten.

Die Banken in der Schweiz, in London oder Kanada wurden schon erwähnt. Der Ablauf von Termingeschäften in Winnipeg, jenem Börsenort in der kanadischen Prärie, an dem bisher nur Fleisch, Weizen und Roggen gehandelt wurde, sei kurz vorgestellt:

Die Winnipeg Commodity Exchange WCE hat einen richtigen Gold-Termin-Markt seit dem 15. November 1972. Jeder Kontrakt geht über einen 400-Unzen-Barren (12,5 Kilogramm). Gold, wie üblich, zu 995/1000 fein. Am Goldhandel sind fast 20 Firmen (Broker) beteiligt, darunter der große amerikanische Edelmetallhändler Engelhard Minerals and Chemical Corp. und Mocatta Metals Corp. aus New York, die Tochterfirma von Mocatta & Goldsmith in London.

Die WCE verlangt offiziell pro Kontrakt einen Bareinschuß des Kunden in Höhe von 2800 Dollar. Die meisten Brokerhäuser – und die mit ihnen korrespondierenden Banken in Europa – verlangen jedoch 4000 Dollar Bargeld. Die Kommission, die der Broker für das Geschäft verlangt, liegt bei 50 Dollar. Das ist erheblich weniger als bei Aktien etwa in Wall Street verlangt wird. Zu den 50 Dollar kommen noch europäische Bankspesen in Höhe von 20 bis 30 Mark.

Die amerikanischen und kanadischen Rohstoff-Börsen kennen die Einrichtung von maximalen Tagesschwankungen, sogenannten «Limits». Wird das Limit, angegeben in Dollar, innerhalb eines Börsentages nach oben oder nach unten durchstoßen, wird der weitere Handel mit dem Rohstoff für den Rest des Tages ausgesetzt. Nach oben heißt es dann «Limit up», nach unten «Limit down».

Die Limits haben gerade in den ersten Monaten des Jahres 1973 zu extremen Konstellationen geführt. Zum Beispiel hieß es bei Sojabohnen tagelang hintereinander «Limit up». Kein Geschäft konnte getätigt werden. Wer Sojabohnen auf Termin gekauft hatte, konnte sich freuen («Long-Position»). Er verdiente sein Geld im

Schlaf. Wer dagegen Sojabohnen auf Termin verkauft hatte (sogenannte Leer-Verkäufe oder «Short-Positionen») fand keine Ruhe mehr. Er konnte nichts kaufen, um seine Terminverpflichtung vorzeitig abzulösen und den eventuellen Verlust noch in Grenzen zu halten.
Viele Rohstoff-Spekulanten benutzten, wo es ging, London als Ausweich-Ort. Dort gibt es keine Limits. Als im Mai und Juni 1973 eine scharfe Kupferhausse über die Welt hinwegzog, konnten die Leerverkäufer in London ihre Eindeckungen vornehmen, die sie in den USA nicht durchführen konnten.
Bei Gold gibt es in Winnipeg ebenfalls ein Limit. Es lag zunächst bei zwei Dollar pro Tag. Als der Handel jedoch die Hunderter-Marke durchstoßen hatte, blieben die Notizen in Kanada weit hinter der Realität in Europa zurück: jeder Tag erlaubte nur zwei Dollar Goldpreis-Zulage. Seit 17. Mai 1973 ist das Limit in Winnipeg auf fünf Dollar festgesetzt.

Vorteile von Gold Futures

Termingeschäfte in Gold sind ein sicherer Schutz vor allen Arten von Währungs-Katastrophen. Niemand hat das deutlicher ausgedrückt als Franz Pick: «Kein moderner Mensch würde ein Auto fahren, ohne sich mit fünf bis zehn Prozent des Wertes des Autos zu versichern. Überall versichern die Leute ihr Haus gegen

Feuer oder Einbruch, die Juwelen ihrer Frau gegen Verlust. Ohne zu zögern werden überall Unfall- und Krankenversicherungsprämien bezahlt ... Eine Versicherung jedoch gegen die ständig wertloser werdenden Währungen - daran hat bis jetzt noch niemand gedacht, obwohl man nur eine geringe Prämie bezahlen müßte.»

Die geringe Prämie ist die Investition in Termingeschäfte mit Gold, zumindest in der Höhe des Vermögens, das in Bank-Konten, Sparbüchern, Schuldverschreibungen, Pfandbriefen, Lebensversicherungen und ähnlichem investiert ist. Alle diese Investitonen, eigentlich Ansprüche gegenüber irgend jemand, sind reine Papierversprechungen. Keine Regierung und kein Gesetz garantiert dem Anleger, daß der Wert seiner Anleihen und Versicherungen gemessen am Lebenshaltungskostenindex oder am Goldpreis gleich bleibt.

Neben den allgemeinen Versicherungsaspekt tritt beim Termingeschäft in Gold noch das spekulative Moment. Der Einschuß ist denkbar gering (in der Schweiz müssen gute Kunden nur ein Konto nachweisen, um Goldtermingeschäfte in Millionen-Höhe abschließen zu können). Daher kommt es zu einem gewaltigen Profithebel, wenn der Goldpreis wieder in eine dieser schubartigen Aufwärtsbewegungen gerät, die seit 1971 ständig zu beobachten sind.

Termingeschäfte in Gold können an vielen Orten der Welt abgeschlossen werden. Am besten ist natürlich nach wie vor die Schweiz. Dort werden Kontrakte in jedem gewünschten Umfang abgewickelt. Steigt der Goldpreis um zehn Dollar, schreitet der Kunde zum Verkauf und läßt sich die gewonnene Summe gutschreiben. Auf der Basis eines Goldpreises von 200 Dollar die Unze macht das beim Einsatz von einer Million Dollar Gold immerhin 50 000 Dollar aus. Niemand außer der kontenführenden Bank wird jemals erfahren, woher das Geld gekommen ist.

Nachteile von Gold Futures

Termingeschäfte in Goldbarren oder Goldmünzen in standardisierten Beuteln versprechen nicht nur schnelles Geld. Sie bergen auch gewisse Risiken. Der Anleger muß schließlich das verdiente Geld von irgendeiner Adresse gutgeschrieben bekommen.

Um beim obigen Beispiel zu bleiben: Die 50 000 Dollar muß irgend jemand auch bezahlen. Es ist daher dringend angeraten, Gold Futures nur mit allerersten Adressen zu kontrahieren. Außer den bereits erwähnten Instituten in Großbritannien, Kanada und vor allem in der Schweiz (dort natürlich auch die Reihe der hochrenommierten Privatbanken) kommen kaum ernsthafte Partner in Frage.

Sollte der Goldpreis eines Tages in Sprüngen von 50 Dollar und mehr pro Tag und Unze davonspringen, darf sich der Geschäftspartner

nicht plötzlich auf «höhere Gewalt» oder ähnlichen Schnickschnack berufen. Er muß den bestehenden Kontrakt bezahlen.
In Kanada und möglicherweise auch in Großbritannien besteht überdies die Gefahr, daß auf amerikanischen Druck hin die Termingeschäfte in Gold verboten werden. Mitte 1971 waren in den USA von den Produktenbörsen in New York und Los Angeles Termingeschäfte in Goldmünzen (Auslieferung Dezember 1972) aufgenommen bzw. angekündigt worden. Schon nach zwei Tagen waren in Los Angeles – vor allem mit englischen Sovereigns – Umsätze in Höhe von vier Millionen Dollar (damals noch 14 Millionen Mark) zustande gekommen. Das Schatzamt verfügte die Schließung dieses Zweiges des Termingeschäftes und erzwang die Abwicklung der eingegangenen Kontrakte zum letzten verfügbaren Preis.

3. Picks Escalation Technique

Die «Escalation Technique», die der intimste Goldmarkt-Kenner, der US-Amerikaner Franz Pick, empfiehlt (und die bei Gold-Profis in London und Zürich vorherrscht), ist schon ausführlich dargestellt worden (vgl. Seite 21). Der Kniff beim ganzen Geschäft ist denkbar einfach: Der Anleger kauft einen oder mehrere echte Goldbarren. Gewicht pro Barren in diesem Fall: 12,5

Kilo. Der/die Barren dient/dienen als Sicherheit für die Bank, weitere Barren dazuzukaufen. Normalerweise kann man bei Schweizer Banken mit einem 12,5-Kilo-Barren zehn weitere 12,5-Kilo-Barren «eskalieren».

Die Bank muß nur die Gewißheit haben, daß der Anleger die gekauften Barren auch finanzieren kann. Er muß also Sicherheiten dafür bieten, die laufenden Zinszahlungen für die Finanzierung des eskalierten Kaufes aufbringen zu können.

Auf alles andere muß man dann nur warten. Der Profithebel ist ähnlich dem der Gold Futures. Bei einer nochmaligen Verdoppelung des Goldpreises, die ganz unausweichlich ist, kann man sein eingesetztes Kapital selbst unter Berücksichtigung von Zinszahlungen mit Leichtigkeit verfünffachen.

Da die «Escalation Technique» seitens Schweizer Banken durch ein einfaches Schreiben bestätigt wird, wurde diese Form der Goldanlage unter «Papier-Gold» subsumiert.

Bei Schweizer Adressen besteht auch die Möglichkeit, mit Hilfe von Platin-Barren zu eskalieren. Der wertmäßige Einschuß liegt dann bei etwa 20 Prozent. Einige Banken nennen als Regel: Ein Barren Platin kann mit zwei Barren Gold eskaliert werden.

In einigen Fällen, so berichtet Franz Pick, wurden auch Silber-Bestände (nicht Kontrakte!) als Sicherheit akzeptiert.

Vorteile der Escalation Technique

Die Escalation Technique ist die interessanteste Anlage in Gold überhaupt. Sie vermeidet die Nachteile der Gold Futures (Zahlungsunfähigkeit des Vertragspartners) und hat dennoch den typischen Termingeschäfts-Hebel. Franz Pick selbst und andere professionelle Investoren haben praktisch ihr gesamtes Vermögen in Form von eskalierten Goldbarren angelegt. Auch Künstler wie Charly Chaplin gehören zum Kreis der Escalations-Freunde.

Nachteile der Escalation Technique

Die Escalation Technique hat alle Nachteile, die oben beim Goldbarren beschrieben wurden. Außerdem muß der Investor oft beträchtliche Zinszahlungen durchhalten können, ehe er Kasse machen kann (bzw. den erzielten Gewinn in bar gekauften Goldbarren anlegt). Die Zinsen für zehn 12,5-Kilo-Barren, die Mitte 1973 bei einer Zürcher oder Genfer Adresse gekauft wurden, betrugen per annum immerhin rund 105 000 Franken.

Um richtig schön eskalieren zu können, muß der Anleger unter Umständen zwei bis drei Jahre warten. Insgesamt 315 000 Franken müßten also disponibel gehalten werden. Außerdem muß der Erst-Barren im Wert von fast 150 000 Franken bezahlt bzw. finanziert werden. Bei einer Gold-

preisverdoppelung innert dieses Zeitraums freilich kann ein Profit von über 2,8 Millionen Franken herausspringen.
Und das ist doch schon ein Wort.

4. Internationale Sonderziehungsrechte

Sonderziehungsrechte sind zusätzliche Verschuldungsmöglichkeiten, die sich die sogenannten Währungs-Experten ausgedacht haben. Im offiziösen Sprachgebrauch werden diese SZR (englisch offiziell: Special Drawing Rights) als «Papiergold» bezeichnet. Daher müssen sie hier kurz vorgestellt werden.

SZR sind Blankokredite, die sich die 108 Notenbanken der westlichen Welt, die Mitglieder des Internationalen Währungsfonds IWF in Washington sind, gegenseitig eingeräumt haben. Die SZR entstehen nicht aufgrund eines realen Geschäfts, etwa aufgrund von Warenlieferungen. Die SZR entstehen durch einen Buchungsvorgang auf den Konten der Notenbanken.

Technisch sieht das so aus: Die IWF-Mitglieder geben bekannt, wie hoch ihre Einzahlungen in den Währungsfonds («Quoten») ursprünglich gewesen sind. Diese Quoten bestanden früher zu einem Viertel aus Gold und zu drei Vierteln aus Landeswährung, also eigenfabriziertem Geld. Inzwischen müssen die IWF-Mitglieder, vor allem die aus Entwicklungsländern, nicht mehr in Gold einzahlen, sondern nur noch in Hausmacher-Papiergeld. Mit den Quoten kann der Währungsfonds zahlungsbilanzlahmen Staaten unter die Arme greifen. Vereinfacht gesehen: Wer D-Mark braucht, wendet sich an den IWF und läßt sich mit der D-Mark-Einzahlung der Bundesrepublik Deutschland bedienen.

Entsprechend ihren eigenen Quoten haben sich die IWF-Mitglieder noch einmal SZR zugeteilt. Die bisherigen Zuteilungen erfolgten (Stand: 1. Juni 1973) am 1. Januar 1970 in Höhe von insgesamt 3,4 Milliarden, am 1. Januar 1971 und 1. Januar 1972 in Höhe von jeweils drei Milliarden. Insgesamt haben sich die IWF-Staaten bisher also 9,4 Milliarden SZR beschert.

Was sind die SZR eigentlich wert, wenn sie schon Papiergold heißen? Alles was die SZR mit Gold verbindet, ist ihre sogenannte Parität (Umrechnungskurs) zum Gold: 1 SZR = 0,888671 Gramm Feingold. Die SZR-Parität könnte allerdings genausogut in getrocknetem Kamelmist ausgedrückt werden. Weder der IWF noch eines seiner Mitgliedsländer sind verpflichtet, jemals SZR in Gold (oder getrockneten Kamelmist) einzutauschen. Die «Gold-Parität» der SZR ist genauso wirres Zeug wie der «offizielle» Goldpreis, der vom amerikanischen Schatzamt genannt, jedoch weder beim Kauf noch Verkauf bezahlt wird.

Die SZR sind beliebig vermehrbar. Jede IWF-Konferenz kann beschließen, SZR in ungenannter Höhe zu schaffen. Aus zwei Gründen werden die SZR auch beliebig vermehrt werden:

- Sie verursachen noch geringere Herstellungskosten als Papiergeld. Die SZR-Kosten sind nur die Buchungskosten.
- Die IWF-Mitglieder wollen natürlich alle SZR haben. SZR kann man jedem anderen Mitglied aufzwingen und ihm dafür Maschinen, Autos und Computer abkaufen.

Wo hochwertige Industriegüter und andere Waren nicht einmal mehr mit Papiergeld, sondern praktisch mit gar nichts mehr bezahlt werden, muß die weltweite Inflation einen gewaltigen Schub erfahren. Die SZR stellen die reinste Form weltweit beliebig vermehrbaren Geldes dar – sie sind sozusagen «Geld an sich». SZR haben daher auch keinen eigenen Namen mehr. Im englischen Originaltext ist bei den Special Drawing Rights nur immer noch die Rede von «Units» (Einheiten).

Das Papiergold der SZR ist kein Geld, mit dem der private Anleger jemals in Berührung kommen wird. SZR schieben sich nur devisenschwache Staats-Notenbanken gegenseitig zu.

Professor Fritz W. Meyer von der Universität Bonn hat den Schwindel mit den SZR auf die knappe, absolut richtige Formel gebracht: «Die perfektionierte Inflationsmaschine.»

Inflationsmaschinen machen Geräusche, die der Gold-Freund so gern hört. Je mehr SZR, alias «Papiergold», desto besser für das richtige Gold.

Warum Goldminen Goldgruben sind

«Wir haben das Gold. Wir haben die Bergwerke. Wir werden unbeschreibliche Gewinne machen.»

Jeff Goode, Präsident der Bergwerks-Kammer in Johannesburg, Mitte 1973

Gold, Bergwerke, Gewinne: Dieser satte Dreiklang erfreut nicht nur südafrikanische Herzen. Die Segnungen des modernen Kapitalismus ermöglichen es jedermann, sich am großen Geschäft mit Goldminenaktien zu beteiligen. Morgens erteilt man seiner Bank den Auftrag, Anteilscheine von Goldbergwerken zu erwerben. Schon am frühen Nachmittag (die Londoner Börse ist bis 15.30 Uhr geöffnet!) kann man erleben, wie sich der Kurs seiner Aktien in Bewegung gesetzt hat. Grundsätzlich gibt es dabei nur eine einzige Richtung: nach oben.
Noch 1971 notierte der Goldminen-Index der Londoner «Financial Times» bei 47,9 Punkten (31. August). Im Sommer 1973 wurde die 200er Marke schon glatt durchstoßen: Über vierfaches Geld in knapp 24 Monaten.
Bei jeder Aktie lebt der Kurs nicht von vergan-

gener Gloria. Was eine Firma in der Vergangenheit Großes geleistet hat, wie sehr sie das Sozialprodukt zu mehren verstand und die Einkünfte ihrer Aktionäre – die Börse kümmert das überhaupt nicht. Auf dem Parkett, wo durch einfachen Zuruf binnen weniger Minuten selbst Weltfirmen ihren Besitzer wechseln können, zählt nur die Zukunft. Das heißt, was in kommenden Monaten und Jahren von einem Unternehmen zu erwarten ist. Und bei steigenden Kursen wird nur eines erwartet: steigender Gewinn.

Goldminen sind normale Unternehmen wie jedes andere auch. Sie leben von der Differenz zwischen Erlösen und Kosten, zwischen Aktiva und Passiva, zwischen Einzahlungen und Auszahlungen. Auch in Goldbergwerken gibt es Lohnkämpfe und Steuer-Probleme.

Und nur der unheimlich gestiegene Preis für ihr Endprodukt macht die Goldminen zu einer unheimlich interessanten Anlage. Die britische Wirtschaftszeitschrift «The Economist» hat das Geheimnis der Goldminen und der Goldminenaktien am 19. Mai 1973 ihren Lesern erklärt. Der Artikel lief unter der Überschrift «Have Fun» (Viel Vergnügen). Bitte sehr:

«Die Bewertung von Goldaktien folgt einer simplen Logik. Die Profite, die bei der Goldförderung entstehen, werden an die Aktionäre just in dem Jahr ausgeschüttet, in dem sie entstehen. Nur ganz wenig wird (als Rücklagen usw., PCM) in der Firma zurückbehalten, zum Beispiel, wenn Investitionen unmittelbar bevorstehen. Der Gewinn einer Goldmine ist daher unmittelbar von den Veränderungen des Goldpreises bestimmt. Wenn das Gold seinen gegenwärtigen Preis beibehält, wird der (jahresdurchschnittliche Londoner) Goldpreis auf etwa 87 Dollar pro Unze anziehen. Im letzten Jahr (1972) waren es nur 58 Dollar. Alle Minen werden davon profitieren.»

Der «Economist» wird alsdann konkret: «Die Mine Durban Deep zum Beispiel hatte für jede Unze Gold, die sie im vergangenen Jahr gefördert hat, Kosten in Höhe von 52 Dollar. Bei einem durchschnittlichen Verkaufspreis von 55 Dollar pro Unze machte Durban Deep einen Gewinn von drei Dollar. Ein durchschnittlicher Verkaufspreis von 87 Dollar bei durchschnittlichen Kosten von, sagen wir, 60 Dollar, würde den Gewinn pro Unze auf 27 Dollar treiben, also verneunfachen.»

Man denke: neunfacher Gewinn! Jede normale Industrie-Aktie würde einen Kurs-Anstieg von vielen hundert Prozent verzeichnen, träte das Management mit derartigen Perspektiven an die Öffentlichkeit.

Eine Verdreifachung des Gold-Preises, wie sie innert zweier Jahre beobachtet werden konnte, ist in seiner Auswirkung auf die Goldminen immer noch nicht richtig verstanden worden. Zum Vergleich: Ein Volkswagen kostet im Jahr 1971 rund 4000 Mark. Er wird für 5000 Mark verkauft. Zwei Jahre später sind die Kosten auf 5000 Mark gestiegen, großzügig gerechnet. Der Markt erlaubt aber plötzlich VW-Preise von 15 000 Mark pro Stück, ohne daß der Absatz irgendwie darunter leidet.

Dieser Grundsatz gilt bei allen Goldminen: Jeder Dollar, um den der Goldpreis steigt, steigert Umsatz *und Gewinn* um einen Dollar. Es gibt einfach keine vergleichbaren Unternehmen, in denen jede zusätzliche Einheit Umsatz auch eine zusätzliche Einheit Gewinn bedeutet.

Natürlich gibt es auch ein paar Dornbüsche im Paradies der unbegrenzten Aktien-Profite bei einer Anlage in Goldminen-Aktien:

- Die Goldbergwerke setzen von sich aus die Kosten für die Gewinnung von Gold herauf. Das geschieht, indem sie weniger goldhaltige Lager abbauen. Mitte 1973 sind Golderze abbauwürdig geworden, die man früher auf die Schutthalde gekippt hat. Innerhalb eines Jahres konnte in Südafrika die Anforderung an den Goldgehalt der Erze auf die Hälfte gesenkt werden. Dieser Prozess der freiwilligen Kostensteigerung, indem weniger goldhaltige und damit «teurere» Schichten abgebaut werden, zieht sich durchschnittlich über zwei bis drei Jahre hin. So lange dauert es, bis die Einrichtungen für den Abbau der neuen, jetzt interessanten Lager investiert sind.

Regel: Bleibt der Goldpreis über zwei Jahre hinweg unverändert, haben sich die Minen an

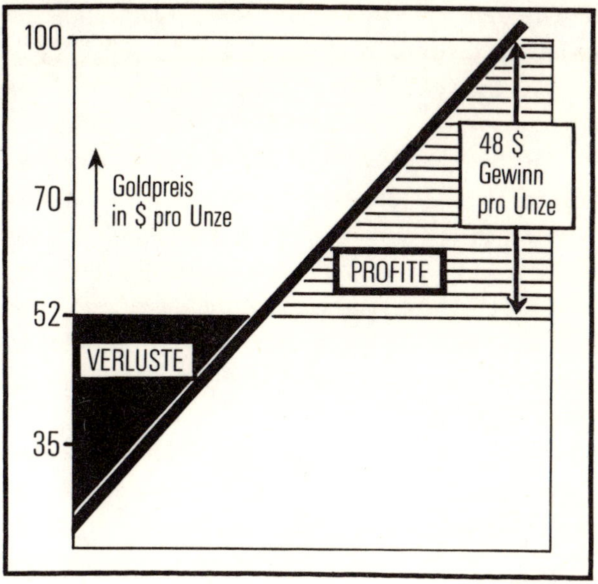

Abbildung 15
Schematische Darstellung des Profithebels bei Goldminen-Aktien.

den neuen Preis angepaßt. Die Differenz zwischen Erlös und Kosten ist geschmälert. Eine Anlage in Goldminen-Aktien ist völlig uninteressant.

• Ein hoher Goldpreis führt zur Aufnahme zusätzlicher Goldförderung. Allein in Südafrika wurde Mitte 1973 die Niederbringung dreier neuer Goldbergwerke beschlossen. Jedes Goldbergwerk kostet etwa 150 Millionen Dollar (ca. 325 Millionen Mark, ein Drittel der jährlichen Investitionen deutscher Spitzenunternehmen wie BASF oder VW).

Alte Bergwerke werden wieder eröffnet. In den USA werden tote Goldgräber-Städte entlang der Rocky Mountains neu besiedelt. In der Bundesrepublik Deutschland erleben die Historischen Archive hohe Zeit: Überall sucht man nach Karten stillgelegter Gold-Bergwerke. Nur die Flußgold-Fischer (Rhein, Isar) wollen kein prosperierender Berufszweig mehr werden. Der Umweltschmutz hat das Flußgold offenbar zersetzt.

Regel: In drei bis vier Jahren werden die neuen Goldminen und die reaktivierten alten ihren vollen Output erreichen. Die Kapazität des Goldangebots wird dadurch freilich nur unwesentlich beeinflußt. Das Goldangebot aus laufender Produktion wird um höchstens zehn Prozent steigen.

• Die bestehenden Goldbergwerke können ihr Angebot erweitern. Das US-Magzin «Newsweek» bringt eine interessante Zahl (25. Juni

1973): Golderz kann jetzt, bei steigenden Preisen, bearbeitet werden, das bisher um ein Zehntausendstel von einem Prozent zu unrein war. Insgesamt sind damit 25 Millionen Unzen Gold zusätzlich verfügbar. Man sieht: die Geologen in Südafrika kalkulieren noch schärfer als Frankfurter Devisenhändler. Und bei denen geht es schon um die vierte Stelle hinter dem Komma.

Regel: Je mehr die Goldminen auf den Mengeneffekt blicken, desto uninteressanter wird der Kauf von Gold-Aktien. Die Menge macht es nämlich nicht.

• Goldbergwerke sind höchst arbeitsintensive Fertigungs-Stätten. Die lohnabhängigen Massen, in Südafrika grundsätzlich dunklerer Hautfarbe, erkennen natürlich, daß bei einer geschätzten Dividenden-Steigerung von mindestens 75 Prozent, wie sie für 1973 als gesichert gilt, auch höhere Löhne nicht gerade abwegig sind. Weiße Mineure verdienten 1973 gerade 20 Prozent mehr als im Jahr davor. Schwarze Kumpel sogar 25 Prozent. Franz Pick, der von Goldminen-Aktien nicht allzuviel hält, meint: «Jede Erhöhung des Goldpreises führt über kurz oder lang zu einer Steigerung der Produktionskosten und damit zu geringeren Profiten als erwartet.» In der Tat: Südafrika bringt es auf eine Inflationsrate von zehn Prozent (Mitte 1973).

Regel: Meldungen über Lohnkämpfe um Johannesburg oder andere Minen-Zentren sind ein

Verkaufs-Signal für Gold-Aktien, es sei denn, der Gold-Preis wurde gerade wieder mächtig gelupft. Übrigens: Ein schwarzer Minen-Arbeiter verdient im Monat etwa 50 Dollar, weniger als ein Zehntel des weißen Durchschnittslohnes. Zusätzliche Unruhen sind daher programmiert.

- Auch die Steuer senkt den ausschüttungsfähigen Profit einer Mine. In Südafrika werden rund 60 Prozent des Gewinns zugunsten der Staatskasse eingezogen. Allein 1973 bringt diese Steuer, nach «Newsweek», 327 Millionen Dollar ein.

Regel über Regel: Goldminen-Aktien sind unbeschadet gewisser Risiken zumindest auf Sicht eine der besten Anlagen überhaupt. Die Bewegung der Goldaktien-Kurse entspricht in etwa der Bewegung des Goldpreises.

Die Bewegung der Goldminen-Aktien folgt der Bewegung des Goldpreises mit unterschiedlicher zeitlicher Verzögerung nach. Sobald ein neuer Satz den Goldpreis nach oben schnellen läßt, kauft man am besten zunächst einmal Goldminen-Aktien.

Goldminen-Aktien gibt es an den Börsen in London, Johannesburg, Toronto, New York, Sidney und Melbourne. Jede deutsche oder Schweizer Bank ist selbstverständlich in der Lage, jede gewünschte Gold-Aktie nach Auftrag an jedem gewünschten Platz zu kaufen. Zu den Einzelheiten:

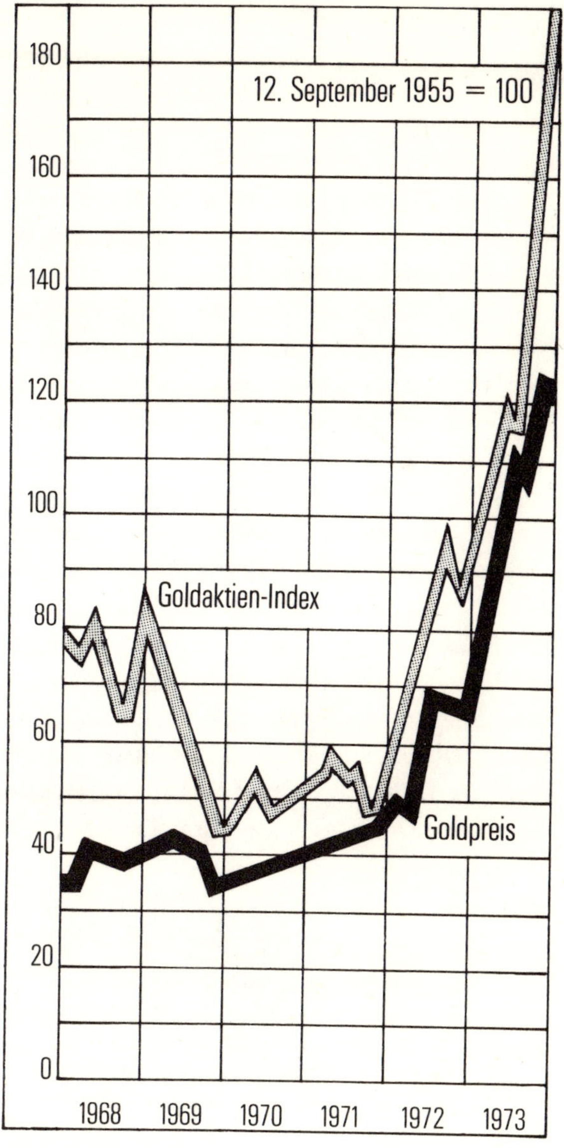

180
160
140
120
100
80
60
40
20
0
12. September 1955 = 100
Goldaktien-Index
Goldpreis
1968
1969
1970
1971
1972
1973

Die «South Africans» oder «Kaffern» sind ein wichtiges Element des täglichen Börsenhandels in London und Johannesburg. Der Kurszettel der «Financial Times» (vorletzte Seite, etwa zwei Handbreit unterhalb des oberen Seitenrandes) gibt einen vollständigen Überblick.

Die Dividendenzahlung der südafrikanischen Minen erfolgt zweimal im Jahr, im Juni und Dezember. Nur die Minen im Oranje-Freistaat und einige andere zahlen ihre Dividenden im März und September.

Wichtiger Hinweis: Alle Investoren müssen in London Goldminen-Aktien mit Hilfe des sogenannten Investment-Dollars kaufen. Der Investment-Dollar ist sozusagen das Bargeld für ausländische Werte, die in London gehandelt werden.

Der Investment-Dollar hat eine Parität zum Pfund Sterling von rund 2,60 Dollar = ein Pfund Sterling. Zu diesem Investment-Dollar gibt es wegen der freien Wechselkurse inzwischen eine

Abbildung 16 und 17
Die Südafrikanischen Goldminen-Aktien, Stand 24. Juli 1973: O.F.S. = Minen im Oranje-Freistaat. Die einzelnen Spalten bedeuten von links: Höchst- und Tiefstkurs 1973, Name der Gesellschaft mit Nominalwert der Aktien, z.B. R1 = ein südafrikanischer Rand, 50 c = ein halber Rand, letzter Kurs, Veränderung gegenüber Vortag, letzte Dividende, Umsatz, Aktien-Rendite in Prozent.

MINES—CENTRAL RAND

840	205	Durban Deep R1	780	+100	†30c	2.3	2.4
590	160	E. Rand Prp. R1	500	+40	†15c	4.5	1.9
44	16	Rand Leases 2½c	42	−½	—	—	—
£10¼	270	Randf'tn Est. R2	820	+40	—	—	—
210	43	West Rand R1	170	+7	†8c	—	2.9

EASTERN RAND

182	84	Bracken R1	152	+5	25c	1.1	10.1
11	7	Daggafontein 50c	10	......	—	—	—
70	30	East Dag R1	48	+2	†45c	1.1	—
21	11	G'vnmt. Areas 2½c	19	+1	—	—	—
138	45	Grootvlei 30c	118	+8	†13c	1.0	6.8
375	190	Kinross R1	300	+20	†30c	1.8	6.1
108	40	Leslie R1	83	+3	14c	1.1	10.4
225	88	Marievale	185	+10	†30c	1.5	10.0
260	94	S. African Ld. 35c	240	+7	Z20c	—	5.0
120	52	Vlakfontein R1	100	+2	22c	1.0	13.5
610	286	Winkelhaak R1	495	+20	†26c	1.7	3.2
39	11	Wit. Nigel 25c	33	+3	1¼c	ϕ	2.3

FAR WEST RAND

415	205	Blyvoor 25	410	+20	35c	ϕ	4.5
£12¼	415	Buffels R1	£11	+½	75c	ϕ	4.2
705	285	Doornfontein R1	625	+15	49c	ϕ	4.5
600	245	East Drie R1	475	+20	—	—	—
470	240	Do. Comb. Units	420	......	—	—	—
245	102	Elsburg R1	216	+6	—	—	—
£14½	545	Hartebeest R1	£12¾	+½	100c	ϕ	4.5
810	365	Kloof Gold R1	680	+35	45c	ϕ	3.8
690	350	Do. Comb. Units	600	......	—	—	—
725	355	Libanon R1	640	+20	57c	ϕ	5.1
515	204	Southvaal R0.5	420	+5	—	—	—
300	101	Stilfontein 50c	265	+20	m17½c	1.6	4.1
£14¾	710	Vaal Reefs 50c	£12¼	+¼	†55c	3.3	2.8
340	100	Venterspost R1	250	+20	37c	ϕ	8.6
£19¾	£11¾	W. Drie R1	£18	+¾	210c	ϕ	6.7
280	113	W'st'rn Areas R1	245	+5	†16c	2.4	4.1
£10	505	Western Deep R2	895	+25	†80c	1.8	5.5
220	82	Zandpan R1	190	+13	†5½	—	1.8

O.F.S.

175	83	Fr. State Dev. 50c	150	+10	4c	1.4	1.6
£11⅝	10⅛	F.S.Geduld 50c	£10⅛	+⅜	†170c	1.1	10.3
440	160	Harmony 50c	390	+20	29c	ϕ	4.6
222	67	Loraine R1	198	+11	2c	1.7	0.6
£11⅝	615	Pres. Brand 50c	£10¼	+½	†107½c	1.3	6.5
£12	434	Pres. Steyn 50c	£11	+⅞	†27c	2.9	1.5
£13½	845	St. Helena R1	£11¼	+¼	†90c	1.2	4.9
345	178	Welkom 50c	270	+10	†32c	1.1	7.3
£20½	£12	W. Holding 50c	£18	+½	†235c	1.1	8.0

sogenannte Investment-Dollar-Prämie. Das ist ein Aufgeld, das Anleger für die Investition in Auslandswerten bezahlen müssen. Es lag im Mai 1973 teilweise bei knapp unter 14 Prozent, stieg im Juni 1973 vorübergehend auf über 40 Prozent. Die Dollar-Prämie beeinflußt natürlich die Profitabilität einer Investition von in London gehandelten «Kaffern» ganz erheblich. Die Prämie wird jeden Tag in der «Financial Times» mitgeteilt. Faustregel: Zu hohen Prämien einsteigen, bei niedrigen wieder heraus. Oder noch besser: Goldminen-Aktien als mittelfristige, wenn nicht langfristige Anlage betrachten und sich nicht an Prämien-Schwankungen stören.

2. *Amerikanische Goldminen-Aktien*

Die wichtigsten in Nordamerika gehandelten Goldminen-Aktien sind:

a) in Wall Street: Dome Mines (Börsen-Kürzel: DM), Giant Yellowknife Mines (GYK), Homestake Mining (HM), International Mining (IM), Wright-Hargreaves Mines (WRT), American-South African Investment Company (ASA), Pato Consol Gold (PO), Campbell Red Lake Mines (CRK). Sehr interessant die ASA: Sie ist eine Holding für südafrikanische Goldminenaktien und für die normalen US-Bürger eine der wenigen legalen Möglichkeiten, sich am Gold zu beteiligen.

b) in Toronto: Camflo Mines, Pamour Porkupine Mines, Discovery Mines, Cochenour Willans, Teck, Corp. «A» (TEK), Agnico-Eagle Mines (AEAG), Upper Canada Mines (UC), Madsen Red Lake (MRK), Kerr-Addison (KER). Natürlich können Dome Mines usw. auch in Toronto gekauft werden.
Bei einer Anlage in kanadischen Minen muß ebenso wie bei Käufen an der Börse in Wall Street mit dämpfenden Gegenbewegungen aufgrund sinkender Dollar-Kurse in den USA und in Kanada gerechnet werden. Ein zehnprozentiger Dollar-Kursverfall muß durch zehnprozentige Kurs-Steigerungen bei den Aktien wettgemacht werden, vorausgesetzt, man hat überhaupt Interesse daran, seine Anlagen wieder in D-Mark oder Schweizer Franken zurückzutauschen.

3. Australische Goldminen-Aktien

In Australien sind die Minengesellschaften Mehrzweck-Gesellschaften. Sie fördern nicht ausschließlich das eine oder andere Metall. Die berühmteste Nickel-Gesellschaft des Landes, Poseidon, die vor einigen Jahren Kurssprünge von über 880 000 Prozent aufweisen konnte, hat natürlich auch Gold-Interessen (die Minen «Lake View» und «Star»). Die Australian Consolidated Minerals, eine Tochtergesellschaft der

US-Firma American Metal Climax, hat Mitte 1973 bekanntgegeben: «Gold wird jetzt das Metall, auf dessen Exploration wir unser Hauptaugenmerk richten.» Wie Australian Consolidated hat auch Gold Copper Exploration einen Bergwerks-Gemischtwarenladen, in dem die Förderung des gelben Metalls nicht fehlt.
Eine typische Goldminen-Aktie sind Gold Mines of Kalgoorlie. Diese Gesellschaft kann man auch an der Londoner Börse erwerben (Jahreshöchst/-tiefst bis Juni 1973: 145/64). Der Wert notiert in stark aufsteigendem Trend.

4. Goldminen-Holdings

Goldminen-Holdings sind Gesellschaften, die vorwiegend Goldminen-Anteile in größerem Umfang aufweisen. Sie werden auch «Minenfinanzhäuser» genannt, weil sie mit ihren Beteiligungen die Prospektion neuer Vorkommen ermöglicht haben.
Bekannt sind Consolidated Gold Fields, ein fast reiner Holding-Wert für Goldminen-Aktien. Consolidated Gold Fields hat seine Goldminen-Beteiligungen in die südafrikanische Holding-Gesellschaft Vogelstruisbult zusammengepackt. Daneben gibt es die drei südafrikanischen Gruppen Anglo-Transvaal, Johannesburg Consolidated und Rand Mines. Und dann vor allem die Anglo American Corporation. Anglo American

werden auch an der Börse in Frankfurt am Main notiert und sind für den deutschen Anleger die bequemste Form einer Investition in Goldminen. Anglo American ist nur zu 31 Prozent eine Goldminen-Aktie. Allerdings kontrollierte Anglo American 1972 mit 374 Tonnen Gold rund 41 Prozent der südafrikanischen Goldproduktion und 32 Prozent der Goldgewinnung der freien Welt. Allein aus dem Goldgeschäft holte sich die Anglo American 1972 einen Brutto-Profit von über einer Milliarde Mark, von dem 435 Millionen Mark Steuern bezahlt werden mußten. Die Anglo American ist damit eine der profitabelsten Firmen der Welt überhaupt.

Zu weiteren 19 Prozent ist Anglo American eine Diamanten-Aktie, durch eine Beteiligung an de Beers. Der Gewinn aus diesem Geschäft lag 1972 bei rund 650 Millionen Mark.

Die andere Hälfte der Anglo American sind Rohstoff-Interessen (Uran, Kohle und Kupfer) und Industrie-Unternehmen. Dieser Mischmasch in der Produktions-Struktur hat bisher immer wieder eindeutige Kursgewinne verhindert. Dennoch ist Anglo American einer der ganz großen und ganz sicheren Profitbringer, die der Kapitalist noch auf den internationalen Kurszetteln finden kann.

Die Top Ten aus Südafrika – und die Top Two in der Goldberatung

Aktienkauf ist Vertrauenssache. Wer sich an den Gold-Boom hängen möchte, läßt sich daher am besten von Minen-Profis beraten. Da haben wir zunächst das Triumvirat aus der «Financial Times»: Leslie Parker, den zuständigen Redakteur und Leiter des Mining-Ressorts. Er schreibt die «Mining News». Kenneth Marston betreut die Kolumne «Mines in the News», die in bestimmten Abständen größere «Überblicksartikel» gibt. Und der Kolumnist Lodestar ist für das «Mining Notebook» zuständig.

Die Drei von der «Financial Times» verbinden in einmaliger Form profunde Kenntnisse über alle Minen und Minen-Probleme mit ökonomischer Könnerschaft. Im Gegensatz zu reinen Bergwerks-Fachzeitschriften (z. B. «Mining Journal») stellen sie ihren Gegenstand nicht mit der technischen Langeweile vor, wie deutsche Bergassessoren a. D. über Quer-Flöze im östlichen Westfalen ab 1200 Meter Tiefe berichten. Parker, Marston und Lodestar schreiben ungemein lebendigen Wirtschafts-Journalismus. Immer lassen sie ihre Kätzchen auch aus dem Sack: dem hochspekulativen Geschäft, das die Bergwerkelei nun einmal mit sich bringt, wo Profite und Pleiten Stollen an Stollen hocken, öffnen sie sich voll und ganz, indem sie detaillierte Empfehlungen geben.

So schreibt Lodestar: «Übers Wochenende ist mir eingefallen, daß St. Helena eigentlich ein bißchen hinter dem übrigen südafrikanischen Pack herläuft.» Oder: «Hier wird jetzt noch einmal die Trommel für Harmony gerührt, eine ganz außergewöhnliche Goldminen-Aktie, die wir schon am 30. April zum Kauf empfohlen haben.» Derlei Wortwahl würde im deutschen Wirtschafts-Journalismus als höchst unfein gelten. Die praktischen Engländer stehen jedoch auf dem Standpunkt, so zu schreiben, wie sie auch denken.

Oberstes Gebot des Goldaktien-Freundes ist also ein Abonnement der «Financial Times», um Schnacks und Facts von Lodestar & Co. gebührend verfolgen zu können. Preis pro Einzel-Ausgabe in der Bundesrepublik: 1,30 Mark. Besonders nervöse Gemüter rufen nach Börsen-Schluß die «Financial Times» in der Cannon Street an. Um den Kurs-Verlauf der südafrikanischen Gold-Aktien detailliert auf sogenannten Charts (Kritzeleien auf Millimeter-Papier, die wie eine Fieberkurve oder ein EKG schwanken) verfolgen zu können, abonniert der Investor weiter den Kaffir Chart Service (Adresse: Indicator Digest Building, Palisades Park, New Jersey 07650). Der Goldminen-Index selbst wird regelmäßig in der «Financial Times» veröffentlicht.

Die übrigen Goldkurse gibt es grafisch aufbereitet in den Büros der amerikanischen Broker-Häuser wie Bache & Co. oder Merrill Lynch

(Frankfurt, München, Hamburg usw.). Auch die Central Merchant Bank Limited in Johannesburg schickt jedem Interessenten gern ausführliches Prospekt- und Anschauungs-Material.
Hinweis: Die beiden Informationsdienste von den Top Two des Goldgeschäftes, den Doctores Pick und Schultz, sind für die Anlage von Gold wichtig. Auch wenn sie nicht gerade billig sind:

- Pick's World Currency Report. Herausgegeben von Dr. Franz Pick. Erscheint jeden Monat. Kostet im Jahresabonnement 300 Dollar. Adresse: 21 West Street, New York, New York 10 006.
- The International Harry Schultz Letter. Herausgegeben von Dr. Harry D. Schultz. Erscheint monatlich. Kostet pro Ausgabe acht Dollar (3,25 Pfund Sterling, 25 Schweizer Franken). Adresse: 170 Sloane Street, London SW 1.

Übrigens: Von Dr. Pick und Dr. Schultz kann man sich auch privat beraten lassen. Dr. Schultz verlangt 700 Dollar pro Stunde. Dr. Pick verlangt 350 Dollar pro halbe Stunde.
Harry Schultz hat in einer Broschüre «You and Gold» im März 1973 die zehn interessantesten südafrikanischen Goldminen-Aktien vorgestellt. Die Top Ten wählte er gemeinsam mit James Capel, dem führenden Londoner Broker-Haus aus. Die Capel/Schultz-Technik: Nur die Minen erscheinen im Portefeuille, die die höchsten Bar-Dividenden während der *gesamten* Lebenszeit der Mine erwarten lassen. Lebenszeit der Mine

bedeutet: bis eben Feierabend ist, also kein Gramm Gold mehr im Gestein aufschimmert.

Und das sind die Top Ten:

- *Buffelsfontein.* Goldmine mit (nebenbei auch noch) der größten Uranfabrik. Zweijähriges Super-Investitions-Programm zum Abbau tieferer Lagen 1973 beendet. Eine hochsolide Anlage. Lebensdauer (zuletzt berechnet auf der Goldpreis-Basis von 85 Dollar pro Unze, inzwischen erheblich höher): noch 25 Jahre. Kapazität pro Monat: 230 000 Tonnen Golderz. Arbeitskosten je Unze: 35,47 Dollar.
- *Doornfontein.* Mine mit hochgradigen Erzen, aber auch viel Schund. Lebensdauer: 20 Jahre. Kapazität: 118 000 Tonnen. Arbeitskosten pro Unze: 32,77 Dollar.
- *Elsburg.* Junge Mine mit noch ziemlich hohem Risiko, die jedoch ein Long-Life-Schlager werden kann. Lebensdauer: 20 Jahre. Kapazität: 91 000 Tonnen. Arbeitskosten: 33,91 Dollar.
- *Harmony.* Seit 1954. Ursprünglich kurze Lebensdauer, die jedoch per Fusion mit anderen Minen erheblich gestreckt wurde. Gilt als «Sleeper», der jäh erwachen dürfte. Lebensdauer (nach Fusion, vor Goldpreis-Explosion): 18 Jahre. Kapazität: 400 000 Tonnen. Arbeitskosten: 40 Dollar je Unze.
- *Hartebeestfontein.* Mitten in einem großen Investitions-Programm, das 1974 ausläuft. Lebensdauer: 20 Jahre. Kapazität: 225 000 Tonnen. Arbeitskosten 34,82 Dollar.

• *Kloof.* Superlange Lebenserwartung. 90 Millionen Tonnen Erzreserven. Goldgehalt: 14 Gramm pro Tonne oder besser, was ziemlich Spitze ist. Kloof ist der absolute Blue Chip unter den Goldaktien. Lebensdauer: 35 Jahre. Kapazität: 163 000 Tonnen. Arbeitskosten: 29,63 Dollar.

• *President Steyn.* Neuer Schacht eröffnet, der die Produktion um 30 Prozent steigern wird. Lebensdauer: 20 Jahre. Kapazität: 209 000 Tonnen. Arbeitskosten: 30,78 Dollar.

• *Vaal Reefs.* Der Welt größter Goldminen-Komplex. Neben Gold riesige Uranerzverarbeitung. Lebensdauer: 25 Jahre. Kapazität: 410 000 Tonnen Golderz. Arbeitskosten: 32 Dollar.

• *Western Area.* Niedriger Goldgehalt (nur neun Gramm pro Tonne), der aber jetzt wahnsinnig interessant wird. Lebensdauer: 20 Jahre. Kapazität: 204 000 Tonnen. Produktionskosten: 36,20 Dollar.

• *Winkelhaak.* Seit 1958. Erbohrt ständig besseres Gestein. Riesengewinnhebel bei Goldpreisen über 100 Dollar wegen niedriger Produktionskosten. Lebensdauer: 20 Jahre. Kapazität: 155 000 Tonnen. Produktionskosten: 27 Dollar.

Auf jeden Fall empfiehlt es sich, Goldaktien zu mischen. Der Anleger starrt dann nicht immer auf einen einzigen Kurs und ärgert sich, wenn andere Aktien abfahren. Die ideale Mixtur sollte so aussehen: 70 Prozent Südafrikaner, 20 Prozent Kanadier und zehn Prozent Australier.

Welche Risiken der Goldfreund trägt

«Was ist besser als Gold?»
«Nichts.»
«Wirklich nichts?»
«Oh, doch. Schnellboote!»
«Schnellboote?»
«Ja, um das Gold ins Ausland zu bringen.»

Aus einem Gespräch mit Franz Pick im Mai 1972 in Zürich

Gefahren, die auf den Goldfreund lauern, gibt es mannigfach. Die Notenbanken können den Goldpreis durch massive Verkäufe stürzen. Die Regierung kann den Goldbesitz verbieten oder den Handel mit Gold beschränken.
Eine andere Regierung kann das Gold konfiszieren. Es kann eine besondere Goldsteuer ausgedacht werden. Wer von unterschiedlichen Goldpreisen an verschiedenen Plätzen der Erde profitieren will, kann wegen «Schmuggel» ins Gefängnis kommen, im Extremfall sogar sein Leben verlieren.
Hier eine Übersicht der größten Risiken und wie man ihnen möglicherweise entkommen kann:

1. Goldverkäufe der Zentralbanken

Die staatlichen Zentral- oder Notenbanken besitzen noch immer den größten Goldhort der Welt. Es handelt sich um immerhin rund 25 000 Tonnen. Wird diese Menge über den internationalen Goldmärkten ausgeschüttet, geht der Goldpreis natürlich scharf nach unten. Vorübergehend sind sicherlich wieder die alten Preise von etwa 35 Dollar pro Unze zu erzielen.
Aber werden die Zentralbanken ihr Gold am freien Markt verkaufen?
Immer wieder taucht das Stichwort «Demonetisierung» des Goldes auf. Will heißen: Gold habe nichts mehr mit Geld (Moneta) zu tun. Der Preis von Gold sei für die Währungspolitik absolut unerheblich. Die Notenbanken müßten so wenig Gold in ihren Tresoren halten wie Fischmehl oder andere Waren. Das Gold könne also auf dem freien Markt verschleudert werden.
Für diese Demonetisierung sprechen sich diejenigen Notenbanken und Währungs-«Fachleute» am intensivsten aus, die das Geschäft der Inflation und Geldverwässerung am unverblümtesten betreiben. Vor allem die Amerikaner würden lieber heute als morgen das Gold demonetisieren. Der Grund für diese Goldfeindschaft ist natürlich klar: Jahrzehntelang waren die USA verpflichtet, jeden ihnen präsentierten Dollar in Gold umzutauschen. Nur wegen dieser Umtauschverpflichtung hat der Dollar überhaupt

den Charakter einer «Leitwährung» annehmen können, also eines international akzeptierten Geldes.

Seit 1971 wollen die USA jedoch nichts mehr von ihrer Eintausch-Verpflichtung wissen. Um ihr Gewissen zu beruhigen, müssen sie natürlich ihre Verpflichtung als «überholt», als «Relikt aus einer längst vergangenen Zeit» hinstellen. Und das geschieht, indem man das Gold als völlig uninteressante Ware hinstellt.

Merkwürdigerweise haben die Amerikaner trotz allen Geredes von einer Demonetisierung des Goldes bis Mitte 1973 kein Gold auf dem offenen Markt verkauft. Immerhin besitzen sie noch 17 000 Tonnen Gelb-Metall. Walter Wannenmacher, der große deutsche Wirtschaftsjournalist, sagt warum: «Während die Notenbankpräsidenten gern über die Demonetisierung des Goldes reden, handeln sie so wie die übrigen Goldbesitzer der Welt: Sie geben von ihrem Schatz nicht ein Gramm her und bedauern insgeheim, ihn nicht vermehrt zu haben.»

Daß die Notenbanken beim Verkauf von Gold genau das bekommen, was sie selbst aufgrund ihres Banknoten-Privilegs jederzeit in jeder Menge selbst herstellen können und noch dazu zu erheblich niedrigeren Kosten, wurde oben schon erwähnt: Bargeld.

Daß die Notenbanken, die kein Gold mehr ihr eigen nennen, bei einer endgültigen Regelung der internationalen Währungsprobleme und

einer allfälligen weltweiten Währungsreform mit nichts als Papierfetzen in der Hand dastehen und die Verhandlungen allenfalls als stumme Beobachter verfolgen könnten, liegt auf der Hand. Bei einer großen, ernstgemeinten Konferenz, die mit der Welt-Inflation endlich Schluß machen will, entscheiden über die Verhandlungs-Stärke nur reale Werte. Banknoten kann man jeden Tag neu in Umlauf setzen. Aus Papier mit und ohne Sicherheitsfaden und Wasserzeichen. Mit dem Bild des Staatspräsidenten oder einer schönen Frau aus einem schönen mittelalterlichen Gemälde von Dürer oder Giotto. Mit der Bezeichnung «Mark», «Taler», «Gulden», «Franken», «Einheit», «Tempo» oder «Fortschritt».
Derlei Mätzchen sind bei Gold nicht möglich. Da gibt es seit Anbeginn menschlicher Geschichte nur immer zwei Angaben: den Feingehalt und das Gewicht.
Das Risiko einer unüberlegten Aktion einiger Notenbanken ist freilich nicht ganz auszuschließen. Die Politik der verbrannten Erde ist auch in einer fortgeschrittenen Phase der weltweit galoppierenden Inflation nicht unvorstellbar. Wenn schon alles zugrunde geht, sollen die Goldbesitzer wenigstens zum Schluß noch einen richtigen Schreck bekommen.
Auf der letzten Tagung (Juni 1973) der Bank für Internationalen Zahlungsausgleich, der BIZ in Basel, wurde das Thema «Goldverkauf durch die

Zentralbanken» lange diskutiert. (In der BIZ sind die Notenbanken von fast fünfzig Staaten zusammengeschlossen. Die BIZ diente in den dreißiger Jahren als eine Art Welt-Zentralbank. Allerdings wickelte sie ihre Transaktionen auf Goldbasis ab, und die BIZ-Bilanz wird auch heute noch in alten Goldfranken erstellt.)
Doch zu konkreten Beschlüssen kam es nicht. Der BIZ-Bericht klang nur sibyllinisch: «Unten, in den Gewölben, bleibt das Gold ungenutzt, aber nicht ungeliebt.»
Risiko: Nicht auszuschließen. Notenbankbeschlüsse unterliegen fast nie demokratischen Willensbildungen oder parlamentarisch kontrollierten Abläufen. Massive Goldverkäufe können den Goldpreis vorübergehend scharf zurückgehen lassen. Ein solcher Rückgang konnte Mitte August 1973 beobachtet werden, als Gold wieder auf 90 Dollar abrutschte. Eine Woche später war es wieder auf über 110 Dollar geklettert.
Gegenstrategie: Nur für den Inhaber von Gold Futures oder eskalierten Beständen eine echte Gefahr. Scharf sinkende Goldpreise bedeuten Nachschuß-Pflicht und überproportional steigende Verluste. Vor Geheimkonferenzen und ähnlichen Versammlungen von Notenbank-Chefs ist bei extremer monetärer Anspannung eine Lösung von Engagements angebracht. Ein Goldverkauf würde nur in einer internationalen und abgestimmten Aktion erfolgen.
Wer Gold und Gold-Zertifikate gegen bar ge-

kauft und voll bezahlt hat, verbilligt seine Bestände. Auch das Gold der Notenbanken geht zu Ende. Dann aber ist innerhalb kürzester Zeit eine logarithmische Steigerung des Goldpreises zu erwarten.

2. *Einschränkungen von Goldbesitz und Goldhandel*

Mitte Mai 1973 hat die italienische Regierung verfügt: Der Verkauf von Goldbarren an Privatpersonen ist verboten. Einfuhranträge für Gold müssen ab 1. Juli begründet werden. Gleichzeitig muß nachgewiesen sein, an welche «berechtigte» Abnehmer (Industrie, Juweliere, Zahntechniker) Gold abgegeben wurde.

Dieser Schritt einer Demokratie westlichen Zuschnitts, den Goldhandel und damit einen einfachen marktwirtschaftlichen Vorgang zu kriminalisieren, ist völlig normal. Über 120 Staaten dieser Erde haben ähnliche Verfügungen längst in Kraft gesetzt und Goldbesitz sowie Goldhandel unter Strafe gestellt.

In diesen Staaten sind der Goldbesitz, der Goldhandel und die Ein- und Ausfuhr von Gold auf das strengste verboten:

Albanien, China (Volksrepublik), Deutsche Demokratische Republik, Guatemala, Indien, Irak, Malaysia, Mongolei, Rhodesien, Rumänien, Singapur (Goldhandel für Nonresidents frei!), Sri Lanka (früher Ceylon), Sowjetunion und Zaire (früher Kongo-Kinshasa).

Eine rechte Ehrenliste, fürwahr. Und alles gemixt, von sozialistischen bis rassistischen Diktaturen, von östlichen bis westlichen Staaten.
Logischerweise erreicht Gold in diesen Staaten die höchsten Preise überhaupt. In Moskau wird ein Aufgeld bis zu 300 Prozent gegenüber dem freien Preis in Zürich oder London bezahlt. In Indien liegt der Aufpreis bei 110 bis 150 Prozent. Und in Indien befindet sich – wie erwähnt – der größte Goldhort der Welt. Privates Gold, versteht sich. Offenbar haben die Inder kein rechtes Vertrauen zu ihrer Regierung, die den Goldbesitz unter strengste Strafen gestellt hat. Sonst würden sie nicht, 600 Millionen Mann hoch, allesamt zu Gesetzesbrechern geworden sein.
Die Liste der Staaten der Erde, die den Goldbesitz uneingeschränkt erlauben, desgleichen den Goldhandel und die Ein- und Ausfuhr von Gold über die Landesgrenzen für jedermann, ist nicht viel kleiner:
Belgien, Bundesrepublik Deutschland, Kanada, Kuwait, Libanon, Macao (Portugiesische Kolonie an der volkschinesischen Küste), Niederlande, Quatar/Dubai (Scheichtümer am persischen Golf), Saudi-Arabien, Schweiz, Uruguay. Außerdem dürfen alle Ausländer in Großbritannien Gold besitzen, handeln und frei ein- und ausführen. Englischen Staatsbürgern ist nur der Besitz von Goldmünzen offiziell und uneingeschränkt erlaubt.

Zwischen den schwarzen und den weißen Staaten gibt es eine bunte Mixtur von teils Erlaubtem, teils Verbotenem.
Staaten, die den freien Import von Gold erlauben, den Export dagegen nicht: Ekuador, Indonesien, Irland, Laos, Liberia. Staaten, die den freien Import von Goldmünzen erlauben: Bolivien, Polen und die USA (dort nur Münzen, die vor 1934 geprägt wurden). In allen anderen Staaten sind der Import und Export von Gold und Goldmünzen verboten.
Besitz von Gold, in vielen Fällen nur von Goldmünzen erlaubt, der freie Handel von Gold oder Goldmünzen im Land dagegen verboten: Äthiopien, Bulgarien, Chile, CSSR, El Salvador, Griechenland, Irland, Israel, Italien, Jugoslawien, Kenia, Kuba, Nordkorea, Peru, Polen, Sambia, Taiwan, Tansania, Uganda, Vietnam (Nord und Süd), Zypern.
In allen anderen Staaten von gewisser Bedeutung sind Goldbesitz (zumindest Münzen für numismatische Zwecke) und Goldhandel erlaubt.
Ab und an kommt es auch zu Gegenbewegungen. So wurde von der japanischen Regierung mit Wirkung vom 2. April 1973 der Goldimport freigegeben. Allerdings gibt es immer noch Importlizenzen. In Japan werden unter anderem jetzt auch 16-Unzen-Barren gehandelt.
Am 4. April 1973 kam es zu einer wichtigen Abstimmung im amerikanischen Senat. Mit 68 zu 23 Stimmen sprach sich dieser Teil des ameri-

kanischen Kongresses dafür aus, den Goldbesitz für alle Amerikaner freizugeben. Ein solches Versprechen war auch in der Wahl-Plattform der Republikaner enthalten, der Partei des Präsidenten Richard Nixon.

Henry Hazlitt, der große liberale amerikanische Nationalökonom, hatte am 11. Dezember 1971, zur Zeit der Washingtoner Währungskonferenz, gefordert: «Es gibt eine unmittelbare und unveräußerliche Reform, in deren Beurteilung sich eigentlich alle einigen sollten, die an die Grundlage persönlicher Freiheit glauben, egal welche währungspolitischen Ansichten sie sonst noch hegen. Das ist für jedes Land, und vor allem für die Vereinigten Staaten, die Aufhebung des Verbots, Gold zu besitzen, zu kaufen und zu verkaufen.»

Nach wie vor aber gibt es keine Ware, keinen Rohstoff und kein Fertigerzeugnis, das in haarkleinen Gesetzen für so viele Menschen absolut verboten oder im Besitz eingeschränkt ist wie Gold. Kaum drei Prozent der Weltbevölkerung sind wirklich frei, wie es Henry Hazlitt versteht: Nur drei Prozent der Weltbevölkerung können Gold besitzen, es kaufen und verkaufen.

Risiko: Auch in der Bundesrepublik und in der Schweiz sind Beschränkungen von Goldbesitz und/oder Goldhandel möglich. In der Bundesrepublik liegt ein fertiges Gesetz bereits in der Schublade. Es ist das Außenwirtschaftsgesetz AWG, das in § 24 bestimmt: Aufgrund einer

Verordnung, die von der Bundesregierung jederzeit erlassen werden kann, ist es möglich, die Einfuhr oder Ausfuhr von Gold zu beschränken oder zu verbieten. Die Bundesrepublik wäre dann ein Goldland wie Schweden, Syrien oder die Türkei.

Ob der § 24 AWG angewendet wird, kann niemand vorhersagen. Wer vor zwei Jahren (1971) daran gedacht hätte, daß jemals der § 23 AWG angewandt würde, wäre verlacht worden. (Der § 23 regelt die Möglichkeiten, Ausländern den Kauf deutscher Wertpapiere, Firmen, Grundstücke und Schiffe zu verbieten.) Tatsächlich wurde der § 23 AWG seit Juni 1972 durchdekliniert, seit der freiheitlich orientierte Marktwirtschaftler Karl Schiller von seinen Kabinettsposten zurücktrat.

In der Schweiz ist mit einem Verbot oder einer Einschränkung des Goldbesitzes und/oder des Goldhandels nicht zu rechnen. Franz Pick dazu: «Die Schweiz, das Land mit der besten monetären Ethik der Welt, wird sich seine unerreichte Reputation auf diesem Gebiet auf keinen Fall nehmen lassen.»

Gegenstrategie: Bürger der Bundesrepublik Deutschland halten ihre Goldbestände bei Schweizer Banken.

3. Die Konfiskation von Gold

Konfiskation von Gold ist ebenfalls ein Risiko, das der Goldbesitzer tragen muß. Konfiskation kann mit und ohne Gegenleistung erfolgen. Die ersatzlose Enteignung ist nur bei scharfen Regime-Wechseln denkbar, vornehmlich nach einer Revolution in Richtung auf einen Arbeiter- und Bauernstaat, der die Besitzenden ihrer «Privilegien» entkleiden möchte.

Auch in Kriegszeiten sind Konfiskationen denkbar. In Deutschland ist eine Konfiskation per sanften Abgabe- bzw. An-den-Staat-Verkaufsdruck während der beiden Weltkriege zu beobachten gewesen.

Nach dem Grundgesetz der Bundesrepublik sind zwar Konfiskationen, auch Verstaatlichungen genannt oder «Überführung in Gemeineigentum», nur bei Grund und Boden, Bodenschätzen oder bestimmten Produktionsmitteln vorgesehen. Überdies muß eine Entschädigung gezahlt werden. Der Goldfreund muß daher nicht gleich das äußerste befürchten.

Freilich ist etwas anderes nicht auszuschließen: Überraschende Wendungen in der Währungspolitik treten meist während der Wochenenden auf. Übers Wochenende werden die Devisenbörsen geschlossen, Auf- und Abwertungen verfügt, treffen sich Finanzminister und Notenbank-Chefs zu Routine-Konferenzen und Krisen-Sitzungen.

Übers Wochenende sind aber auch die Banken mit ihren Safes, in denen Goldbarren und Goldmünzen normalerweise lagern, nicht geöffnet. Erst am Montagmorgen kann der Goldfreund wieder nach seinen Beständen schauen.
Es ist aber durchaus möglich, daß vor den Tresoren der aufbewahrenden Banken dann plötzlich Polizisten stehen oder Regierungsbeamte, die alle Safes versiegeln. Der Inhalt muß dann staatlichen Instanzen vorgeführt und an staatliche Behörden und Banken zu staatlich vorgeschriebenen Preisen veräußert werden. Derlei Veräußerungszwang heißt dann «Andienung» oder ähnlich.
Risiko: Solange sich Sozialismus und Neidkomplex der Regierungsparteien in Grenzen halten, ist das Risiko einer Konfiskation von Gold in der Bundesrepublik denkbar gering. Die Gefahr wächst natürlich mit steigendem Goldpreis. Kostet der Kilobarren eines Tages 50 000 Mark, wird im Parlament sicher ein Gesetzentwurf auftauchen, derlei «spekulativen Auswüchsen» zu steuern.
Gegenstrategie: Goldaufbewahrung in der Schweiz.

Europäische Länder (Westen)	15 bis 25 Prozent
Südamerika	20 bis 40 Prozent
Afrika	10 bis 150 Prozent
Arabische Staaten	10 bis 45 Prozent
Indonesien	40 bis 60 Prozent
Südostasien	50 bis 90 Prozent
Pakistan	100 bis 130 Prozent
Indien	110 bis 150 Prozent
UdSSR und Ostblock	100 bis 300 Prozent

Das große Aufgeld, das in einzelnen Staaten verdient werden kann, hat weltweit zu etabliertem Schmuggel geführt. Während der kleine europäische Gelegenheits-Schmuggler äußerstenfalls ab und zu einmal einen Kilobarren mitlaufen läßt, um eine Reise nach Bali oder Bangkok zu finanzieren (was meist in überaus unkomfortablen Gefängnissen endet), sind im Nahen Osten Profigruppen unterwegs, um die unterschiedlichen Goldpreise zu ihren Gunsten auszunutzen.

Allein in Beirut (Libanon) ansässige Unternehmen haben bis zu 300 000 Dollar pro Monat für Flugtickets ausgegeben, um sich an Orte mit erhöhter Nachfrage nach Gold fliegen zu lassen. Durch die verschärften Sicherheitsmaßnahmen an den internationalen Flugplätzen ist es inzwischen jedoch unmöglich geworden, Gold gefahrlos an Bord von Flugzeugen zu bringen. Die berühmten Gold-Westen, in denen bis zu 20 Kilogramm Gold untergebracht werden konnten, sind inzwischen etwas aus der Mode gekommen. Das Geschäft hat sich auf Schiffe und Autofahrten verlagert. Speziell an den großen amerikanischen Seen und in der Bucht von Vancouver sind hochtourige Schnellboote unterwegs, um den Marktausgleich zwischen Kanada (freier Goldbesitz) und den USA (Goldbesitz verboten) herzustellen.

US-Experte Franz Pick hat daneben sechs weitere Goldstraßen ausfindig gemacht:

1. London – Paris – Brüssel – Stettin – Leningrad – Moskau. Profit netto: rund 160 Prozent. Geschmuggelte Ware: hauptsächlich Goldmünzen der Zarenzeit. Marktführer beim Schmuggelgeschäft: polnische und sowjetische Handels-Schiffe.

2. Zürich – München – Wien – Teschen – Lodz – Warschau. Profit netto: zwischen zehn und 30 Prozent. Geschmuggelte Ware: Double Eagle, also das 20-Dollar-Stück, auch Nachprägungen der Beiruter Privatmünze. Marktführer: Diplomaten und Flugzeugbesatzungen.

3. Dubai (Persischer Golf) – Indien – Pakistan. Profit netto: zwischen 40 und 100 Prozent. Geschmuggelt werden kleine Barren. Marktführer: Diverse Schmuggel-Syndikate am Persischen Golf mit Schnellbooten.

4. Dubai – Vientiane (Laos) – Saigon – Kokiu (Volks-China). Profit netto: bis zu 200 Prozent. Geschmuggelt werden Barren jeder Größenordnung. Vientiane und Saigon sind die Vertei-

lerstellen für das südöstliche Asien. Dreiviertel der jährlich umgesetzten 300 Tonnen gehen nach Südchina im Tausch gegen 30 mal 30 Zentimeter große Rohopiumwürfel, die in der Nähe von Bangkok raffiniert werden.

5. Dubai – Hongkong. Von dort als Transitgut nach Portugiesisch-Macao, wo der Goldhandel absolut frei ist. Profit netto: etwa 20 Prozent. Aus Macao wird Gold mit Dschunken in die britische Kronkolonie gebracht und mit dem üblichen Aufgeld verkauft. In Hongkong ist Ein- und Ausfuhr von Goldbarren verboten, Besitz und Handel dagegen frei.

6. Dubai – Singapur – Indonesien. Profit: ungefähr 20 bis 40 Prozent (ab Dubai gerechnet). Am Schmuggel beteiligen sich das Personal von Luftverkehrsgesellschaften, Globetrotter und Schnellboot-Fahrer.

Risiko: Das Risiko beim Goldschmuggel ist außergewöhnlich groß. Wird der Schmuggler entdeckt, verliert er nicht nur seine Ware, sondern meist auch einen großen Teil seiner künftigen Freizeit. Im Extremfall kann es auch das Leben kosten.

Eine in Mitteleuropa auftretende Variante des Schmuggels ist die mehrwertsteuerfreie Einfuhr von in Zürich oder Paris gekauften Goldbarren in die Bundesrepublik. Mehrfach wurden bereits kleine Sportflugzeuge und schwere Limousinen vom deutschen Zoll aufgebracht, weil sie Goldbarren in die Bundesrepublik importierten, ohne

die elf Prozent Mehrwertssteuer (= Zoll) entrichtet zu haben. In Fällen, bei denen größere Mengen Gold in die Bundesrepublik geschmuggelt werden, wird auf Freiheitsstrafen erkannt. Die Schmuggel-Hilfswerkzeuge werden zugunsten der Staatskasse eingezogen (und später versteigert).
Der Goldschmuggel in die Bundesrepublik ist wenig attraktiv. Zum einen stehen erstklassig arbeitende Infrastrukturen seitens der staatlichen Gewalten zur Verfügung: Der Schmuggler ist schnell gefaßt. Zum anderen ist das geschmuggelte Gut nur mit Schwierigkeiten zu veräußern. Banken verlangen in jedem Fall bei größeren Mengen und wiederholtem Angebot einen Zoll-Nachweis. Im übrigen macht sich jedermann verdächtig, der Goldbarren zum Verkauf anbietet, die nicht den Stempel der Deutschen Gold- und Silberscheideanstalt Degussa oder der deutschen Goldfirma Heraeus tragen. Goldbarren mit Degussa-Stempel sind jedoch im Ausland nur sehr schwer erhältlich. Normalerweise bekommt man Barren mit den Stempeln schweizerischer oder französischer Großbanken.
Gegenstrategie: Nicht schmuggeln.

Warum es wieder eine Goldwährung geben wird

«Aber Gold ist doch tot – oder?»

Das US-Magazin «Business Week» am 19. Mai 1973.

Gold ist lebendiger denn je. Seit 1934 war es mit dem ständig wertloser werdenden Dollar in die Tiefe gezogen worden. Jetzt ist es frei, ohne Bindungen an irgendeine Währung. Und es steigt glänzender denn je aus der Asche verkohlter Papiergeld-Fetzen.

«Kopflosigkeit am Goldmarkt». So schrieb die bürgerliche «Frankfurter Allgemeine» am 9. Mai 1972, ein Jahr vor der Frage von «Business Week» nach dem klinischen Zustand des Patienten. Im Mai 1972 lag der Goldpreis bei 54 Dollar die Unze. Ein Jahr später hatte er sich verdoppelt. Wer hatte dabei eigentlich seinen Kopf verloren? Der Goldfreund – oder der Redakteur, der die Gold-Käufer als hirnlos bezeichnete?

Immer wieder ist von Kopflosigkeit, Hirnriß, Panik oder anderen menschlichen Ausfallserscheinungen die Rede, wenn die «Spekulation» den

Goldpreis wieder einmal nach oben gelupft hat. Doch der Goldpreis ist nichts weiter als das Spiegelbild menschlicher Schwächen.

Im Mai 1973 war das Stichwort «Watergate», zwölf Monate davor hieß es «Vietnam». Was es ist, spielt keine Rolle. Statt Watergate und Vietnam kann auch stehen: «Inflation», «Zahlungsbilanz», «Dollarkrise», «Ölkrieg», «Skandal in . . .» (man setze irgendeine Hauptstadt ein), «Verstimmung», «Verwicklung», «Ratlosigkeit», «Währungskrise», «Blitzkonferenz».

Immer wenn die Politiker für Negativ-Schlagzeilen sorgen, wenn sie vor Augen führen, daß Bestechung und Betrug die Welt regieren, daß Kriege immer neue Kriege erzeugen, daß Neid und Haß für die meisten Menschen viel mehr bedeuten als Altruismus, Caritas und Nächstenliebe, kurzum, wenn alle Welt wieder einmal zur Kenntnis nehmen darf, wie verlogen diese Welt ist und wie schlecht – dann macht der Goldpreis den nächsten Lupfer nach oben.

Wer wundert sich darüber? Woran soll sich die geschundene, von ihren Obrigkeiten gequälte, mit Hilfe von Steuern und Inflation ausgesaugte Menschheit sonst halten? Wo sich beschweren? Woran sich klammern? Wohin fliehen?

Die Lanzenspitze der Pallas Athene vor dem Parthenon war aus Gold. Ihr Glanz signalisierte den Schiffen: die Heimat ist da. Golden schimmerten die Dächer der Gralsburg, als der Ritter aus dem dunklen Wald trat: das Heil ist nah.

Gold ist Industrie und Mythos in einem, Geschichte und Gegenwart, Realität und Traum.

Aus Gold kann man einen Draht von 0,0043 Millimeter Durchmesser ziehen, so fein, daß man nichts mehr sieht. Gold läßt sich zu 0,0003 Millimeter dünnem Blech treiben. Zehn Tonnen des Metalls genügen, um die Bundesrepublik Deutschland und die Schweiz mit einer feinen, undurchlässigen Schicht von Gold zu überziehen.

Aus Gold waren die Grabbeschläge der ägyptischen Pharaonen. Und aus Gold war die Schutzschicht der Weltraumhelme, als die US-Astronauten den Mond betraten.

Gold trieb die Spanier nach Südamerika. Mit Gold ließen sich alle großen Eroberer der Weltgeschichte aufwiegen, von Varro über Attila bis Dschingis Khan. Aus Gold ist die Medaille der Olympia-Sieger. In den Jungmädchen-Zimmern der Saison 1972/73 hing ein Poster von Mark Spitz, dem amerikanischen Schwimmsportler mit der idealen Figur, um seinen Hals siebenfaches olympisches Gold.

Während 4995 Jahren Kulturgeschichte (von 5000 Jahren) war Gold Währungsmetall, privat und staatlich anerkanntes Zahlungsmittel. Und solange voll funktionierende, unverwässerte Goldwährungen existierten, gab es keine Inflation.

Das System der Goldwährung funktioniert denkbar einfach: Geld ist mit einer nicht beliebig vermehrbaren Ware identisch. Papiergeld kann man aus Lumpen und Holz herstellen. Wer die Wälder der Erde betrachtet, kann sich eine Vorstellung vom Inflations-Potential machen.

Bei der Goldwährung ist die Geldversorgung immer im Gleichgewicht mit der Güterversorgung. Umlaufendes Gold (bzw. umlaufendes Papiergeld mit dem unabdingbaren Versprechen, es jederzeit in Gold einzutauschen) ist als Geld absolut neutral. Die Güterwelt, Produktion und Dienstleistungen, Firmen und Volkswirtschaften werden bei einer Goldwährung nie in monetäre Turbulenzen geschickt. Es gibt weder Inflation noch Deflation.

Ist einmal zu wenig Gold da, um Handel und Wandel zu befriedigen, werden die Preise sinken, die Preise ausgedrückt in dem knappen Geld Gold. Gold ist relativ teuer. Es lohnt sich, zusätzliche Goldbergwerke aufzumachen und die Goldproduktion zu steigern. Es wird automatisch mehr Gold gefördert, weil mehr Gold gebraucht wird.

Ist einmal zuviel Gold da, mehr als gleichzeitig an Waren auf der Güterseite entsteht, steigen die Preise aller Waren. Der Preis des Goldes sinkt. Die Goldbergwerke werden unrentabel. Der Kostendruck wird zu stark. Automatisch wird weniger Gold gefördert. Und damit geht auch die Geldversorgung wieder zurück.

Es ist ein wenig ernsthafter Einwand, Gold als Geld abzulehnen, weil es eines Tages zur Neige

4. Zusätzliche Steuern auf Gold

Ein Ansteigen des Kilopreises auf 50 000 Mark würde natürlich auch noch andere Gesetzesinitiativen denkbar machen. In Analogie zu bestimmten Vorschlägen, die den (nicht realisierten!) Wertzuwachs an Grund und Boden besteuern wollen (sogenannte «Boden-Wertzuwachssteuer»), ist auch eine «Gold-Wertzuwachssteuer» in den Bereich der Möglichkeiten gerückt. Eine solche Steuer wird um so wahrscheinlicher kommen, je schneller die Boden-Wertzuwachssteuer eintrifft.
Denn: Der Wertzuwachs des Bodens ist ein Spiegelbild der allgemeinen inflatorischen Entwicklung. Steigen alle Preise, steigt der Preis des relativ unvermehrbaren Produktionsfaktors und Wertaufbewahrungsmittels «Grund und Boden» eher noch überproportional zur allgemeinen Inflationsrate an.
Aus Gründen der Gleichheit bei der Besteuerung müssen dann natürlich auch alle anderen Güter einer Wertzuwachssteuer unterworfen werden. Es ist, zumal in den Reihen der obersten deutschen Gerichte, sicher nicht einzusehen, warum der Inflations-Fluchtpunkt Boden besteuert wird, der Inflations-Fluchtpunkt Gold dagegen nicht. Eine allgemeine Wertzuwachssteuer ist daher auf die Dauer in der Bundesrepublik unvermeidlich.
Auch in der Schweiz bahnt sich eine Wende in

der Steuergeschichte an. Im Halbkanton Basel-Land wurde auf Antrag der Sozialdemokraten bereits eine sogenannte «Reichtumssteuer» eingeführt. Zusätzlich steuerpflichtig sind alle natürlichen und juristischen Personen – wer auch sonst? – mit einem «Reichtum» von mehr als 80 000 Franken. Es sieht so aus, als würde die neue Reichtumssteuer auch auf andere Kantone übergreifen. Eine große Menge Schweizer Bürger hat natürlich ihr Vermögen zum Teil in Gold angelegt. Sie werden daher steuerpflichtig.

Risiko: Zusätzliche Steuern, eine Unterform der oben beschriebenen Konfiskation, bedingen zum Erfolg immer zweierlei: einen Staat, der die Steuer erhebt, und einen Bürger, der die Steuern auch zahlt. Das Risiko zusätzlicher Steuern ist in der Bundesrepublik und in der Schweiz ziemlich gleich groß. In einigen Schweizer Kantonen dürfte die Reichtumssteuer erst nach einiger Zeit eingeführt werden, es sei denn, die Reichtumssteuer wird zu einer Bundessteuer erhoben. In der Bundesrepublik wird die allgemeine Wertzuwachssteuer spätestens nach Einführung der Boden-Wertzuwachssteuer diskutiert werden. Mögliches Einführungs-Datum: 1976.

Gegenstrategie: Die Gegenstrategie bei neuen Steuern ist die Steuervermeidung. Der Steuerzahler muß dabei den Steuertatbestand (Gold oder sich selbst als Goldbesitzer) vor dem Gesetzes-Stichtag über die Landesgrenzen schaffen. Bürger der Bundesrepublik Deutschland und

Schweizer Inhabitanten haben die Möglichkeit, sich der Schweizer Banken als einer Möglichkeit bei der Vermeidung von Steuerzahlungen zu bedienen. Bekanntlich ist das Schweizer Bankgeheimnis sehr umfassend. Es wird auch nicht gegenüber Steuerbehörden, welcher Nationalität auch immer, gelüftet. Dabei müssen die Schweizer Banken gar nicht über steuerbefreiende Tatbestände informiert werden. Es genügt, wenn man sich ein Schließfach mietet, dessen Inhalt niemand etwas angeht außer den Besitzer.

Außerhalb der Schweiz bieten sich recht sichere Goldaufbewahrungsplätze an: in Frankreich, Panama, auch in Singapur, das immer mehr zur Schweiz des Ostens wird (jedenfalls für Nonresidents), und Hongkong. Für Mohammedaner empfiehlt Franz Pick den Libanon und Kuwait als sichere Plätze.

Hinweis: Bestehende Steuerverpflichtungen können ebenfalls vermieden werden. Bei der Erbschaftssteuer empfiehlt sich die Einrichtung von Goldkonten oder Gold-Safes, zu denen mehrere Familien-Mitglieder Zugang haben.

Die Einkommenssteuer in der Bundesrepublik vermeidet der Goldbesitzer, wenn er keine Geschäfte mit dem gelben Metall innerhalb der Spekulationsfrist von einem halben Jahr abschließt.

Größere Goldlager werden am besten in eine Kapitalgesellschaft eingebracht. Zu diesem Zweck können Aktiengesellschaften Schweizer oder Liechtensteinischen Rechts (sogenannte «Anstalten») etabliert werden. Franz Pick empfiehlt als Untergrenze für derlei Unternehmen Goldbestände im Gegenwert von mehr als 500 000 Dollar. Die Einrichtung eines solchen «Briefkastens» in Liechtenstein kostet kaum mehr als 1000 Dollar. Die Goldbestände der Gesellschaft können in London oder Zürich gehalten werden. In der Schweiz und in Großbritannien gibt es derzeit keine Kapitalgewinn-Steuern für derlei Goldaufbewahrungs-Unternehmungen.

5. Risiken beim Goldschmuggel

Eine höchst törichte, da riskante Abart der Investition und Anlage in Gold ist der Goldschmuggel.

Der Goldschmuggel macht sich die unterschiedlichen Goldpreise in verschiedenen Ländern zunutze. Diese unterschiedlichen Preise entstehen bekanntlich, weil verschiedene Staaten Goldhandel bzw. privaten Goldbesitz verboten haben, woraufhin sich das Metall künstlich verknappte.

Die Unterschiede zwischen Marktpreis (London, Zürich, Paris) und dem im Land mit Goldbeschränkungen bezahlten Goldpreis sind Mitte 1973 (in Prozenten):

gehen könnte. Gold ist nicht Erdöl. Gold ist überall auf der Erde vorhanden, selbst im menschlichen Körper. Moderne Bergwerks-Technik kann das Gold der Sahara verwerten, moderne Tiefenbagger das Gold des Meeresgrundes. Es kommt nicht darauf an, wieviel Gold zusätzlich benötigt wird. Denn die Währungen müssen nur zu einem sehr kleinen Teil in Gold gedeckt sein.

Es ist nur wichtig, daß überhaupt eine Bindung der umlaufenden Geldmenge an eine nicht beliebig und preiswert reproduzierbare Ware existiert.

Erst seit «Konjunkturpolitiker» angefangen haben, frisch gedrucktes, furchtbar billiges Geld unters Volk zu streuen, um «anzukurbeln», wie es so schön heißt, ist die weltweite Inflation in Gang gekommen.

Die Weltinflation ist nicht mehr zu stoppen. Irgendwo wird es immer Länder geben, die gerade «ankurbeln» müssen. Das Geld, das sie mit leichter Hand unter die Massen bringen, treibt letztlich überall die Preise hoch.

Eines Tages aber werden die Massen das Staats-Papiergeld zurückweisen und richtiges Geld verlangen. Nicht irgendeine vorübergehende Kaufkraft, die ihnen durch steigende Preise sofort wieder zerschlagen wird. An diesem Tag werden die Massen Gold als Geld verlangen.

Gold schlägt Geld.

Denn nur Gold ist Geld.